[illegible]
DES VERBES FRANÇAIS

AVEC

UN TABLEAU SYNOPTIQUE

[illegible] LA CONJUG[illegible] DE TOUS CES VERBES, CLASSIFIÉS PAR ORDRE DE [illegible] SUR UNE MÉTHODE [illegible]IFORME, ET UNE TABLE MODÈLE D'APPLICA[illegible].

PAR J. M. LÉONARD CASELLA, DE ROME,

Membre de la Société Grammaticale et de l'Institut des Langues; Professeur de grammaire française à l'Athénée des Familles.

OUVRAGE PUBLIÉ SOUS LES AUSPICES

DE M. CHARLES NODIER, DE L'ACADÉMIE FRANÇAISE.

PARIS.

TERZUOLO, IMPRIMEUR-LIBRAIRE,

RUE DE VAUGIRARD, N° 11.

Chez L'AUTEUR, rue du Marché Saint-Honoré, n° [illegible]

HACHETTE, Libraire de l'Université Royale de Fra[illegible] rue Pierre-Sarrazin, n° 12.

LEDOYEN, Libraire, Palais-Royal, galerie d'Orl[illegible] n° 31.

1838.

TRAITÉ COMPLET

DE LA LEXIGRAPHIE

DES VERBES FRANÇAIS.

POUR PARAITRE INCESSAMMENT, DU MÊME AUTEUR.

I. Traité complet de la Lexigraphie de la langue italienne, avec plusieurs Tableaux synoptiques, Tables modèles, et Tables d'exercices.

II. Traité complet de l'Orthoépie de la langue italienne, avec trois Tableaux synoptiques :

Le 1er présentant la solution immédiate de toutes les difficultés sur la prononciation de l'*e* et de l'*o*, dans toutes les désinences de la langue.

Le 2e contenant toutes les désinences, par ordre d'analogie, qui ont l'accent sur l'anté-pénultième syllabe — *sdrucciole* —.

Le 3e, tous les homonymes orthographiques italiens, tant simples que composés.

III. D'un nouveau Plan pour les dictionnaires, et des immenses avantages qui en résulteraient.

IV. Nuove e vere Interpretazioni di alcuni passi della Divina Comedia di Dante Alighieri, finora male intesi.

IMPRIMERIE DE TERZUOLO,
rue de Vaugirard, n° 11.

TRAITÉ COMPLET
DE LA LEXIGRAPHIE
DES VERBES FRANÇAIS,

AVEC

UN TABLEAU SYNOPTIQUE

DE LA CONJUGAISON DE TOUS CES VERBES, CLASSIFIÉS PAR ORDRE DE DÉSINENCES SUR UNE MÉTHODE UNIFORME, ET UNE TABLE MODÈLE D'APPLICATION;

PAR J. M. LÉONARD CASELLA, DE ROME,

Membre de la Société Grammaticale et de l'Institut des Langues; Professeur de grammaire française à l'Athénée des Familles.

ouvrage publié sous les auspices

DE **M. CHARLES NODIER**, DE L'ACADÉMIE FRANÇAISE.

PARIS.

TERZUOLO, IMPRIMEUR-LIBRAIRE,

RUE DE VAUGIRARD, N° 11.

Chez L'AUTEUR, RUE DU MARCHÉ SAINT-HONORÉ, n° 5.
HACHETTE, LIBRAIRE DE L'UNIVERSITÉ ROYALE DE FRANCE, RUE PIERRE-SARRAZIN, n° 12.
LEDOYEN, LIBRAIRE, PALAIS-ROYAL, GALERIE D'ORLÉANS, n° 31.

—

1838.

A

M. CHARLES NODIER,

DE L'ACADÉMIE FRANÇAISE.

Monsieur,

Sans vos encouragements je n'aurais peut-être jamais osé publier ce petit ouvrage, que j'avais composé en Angleterre, uniquement pour l'instruction de mes élèves, et où j'ai essayé de résoudre un problème de lexigraphie française que les plus habiles grammairiens avaient jugé insoluble.

Si mon travail a quelque chance de succès, et s'il ne reste pas sans application dans l'enseignement, il en sera surtout redevable à votre imposant suffrage.

C'est à ce titre que je prends la liberté de le faire paraître sous vos auspices.

Je suis, Monsieur, avec les sentiments de la plus vive reconnaissance et du plus profond respect,

Votre très-obéissant serviteur,

L. CASELLA.

Paris, le 1er mai 1838.

AVANT-PROPOS.

Au lieu d'une préface de ma composition, où je ne pourrais que reproduire des pensées déjà exprimées à leur place naturelle, dans le cours de cet ouvrage, j'offre à mes lecteurs la lettre que *M. Charles Nodier* a bien voulu m'autoriser à rendre publique.

Quoiqu'elle contienne des éloges peut-être trop flatteurs pour moi, je la donne en entier, parce que la moindre mutilation serait un sacrilège que doit s'interdire la plus légitime modestie. D'ailleurs je suis étranger, et plus que tout autre j'ai besoin de profiter du *passeport littéraire* dont m'a jugé digne l'écrivain renommé qui a eu la généreuse patience d'examiner mon œuvre avec autant d'application que j'en ai mis moi-même à l'exécuter.

Paris, le 12 septembre 1837.

MONSIEUR,

Je vous prie de me pardonner si je réponds si tard à l'intéressante communication que vous m'avez faite. J'ai dû examiner avec soin votre heureuse méthode, et je me fais un plaisir de reconnaître qu'elle ne laisse rien à désirer. Je ne connais aucun ouvrage plus neuf et cependant plus complet sur cette importante partie de la grammaire. Vous avez atteint tout de suite à la perfection, parce que vous étiez parti d'une *donnée* aussi juste qu'ingénieuse. Il serait fâcheux que des travaux aussi précieux restassent sans application dans l'enseignement.

Vous me faites déplorer, Monsieur, l'insuffisance et l'obscurité de mes propres études. Je regrette, pour la première fois, qu'elle ne m'ait pas acquis l'influence qui m'autoriserait à recommander les vôtres aux hommes éminents qui dirigent chez nous l'instruction publique; mais s'il s'en trouve, par hasard, quelqu'un qui daigne attacher le moindre prix à mon témoignage, vous pouvez le revendiquer en toute assurance. Il vous est acquis à juste titre.

J'ai l'honneur de vous saluer très-parfaitement.

CHARLES NODIER,
de l'Académie Française.

TRAITÉ COMPLET
DE LA LEXIGRAPHIE
DES VERBES FRANÇAIS.

PREMIÈRE PARTIE.

THÉORIE DU VERBE.

Le premier sentiment que l'homme dut éprouver lors de sa création, ce fut sans doute celui de sa propre existence ; le premier usage qu'il fit de la faculté de la parole, qui le constituait la suprême des créatures, fut l'expression de ce même sentiment, n'importe la forme sous laquelle il a pu l'exprimer : ÊTRE. Voilà le VERBE ; cette partie du discours qui existe d'elle-même, et dont l'idée primitive est de toute nécessité inhérente à toutes les autres, la cheville ouvrière du langage, le vocable enfin par excellence, comme son appellation même le proclame : le VERBE.

L'idée d'existence ne put rester incomplexe dans l'esprit de l'homme que l'instant même de sa création ; immédiatement après, elle dut être modifiée en lui par des idées accessoires, dont le nombre s'augmentait à chacune de ses nouvelles perceptions.

Le souvenir de sa première apparition dans le monde, le sentiment de son existence actuelle, et le pressentiment de la continuation possible de cette même existence, la lui firent bientôt envisager sous le rapport du TEMPS, dans ses trois grandes divisions, de PASSÉ, de PRÉSENT, et d'AVENIR.

L'aspect des animaux que Dieu fit passer sous les yeux de l'homme, et qu'il lui ordonna de nommer de leurs noms, lui fit reconnaître en eux d'autres existences que la sienne, et différemment modifiées, par leurs genres, leurs espèces, leurs sexes, et leur nombre : de là l'idée d'INDIVIDUALITÉ, semblable ou dissemblable, une ou multiple, qu'il put, bientôt après, appliquer de même aux substances inanimées.

Ce fut enfin à son premier réveil que l'homme dut ressentir toute la richesse d'émotions dont son âme avait été douée, en voyant soudainement paraître devant lui la plus ravissante des créatures, cette femme, formée de sa chair, que Dieu lui avait destinée pour compagne, et dans laquelle il put reconnaître le gage certain et consolant de la continuité de son espèce. Dès lors le but de sa création lui fut dévoilé, et l'homme, dans les transports de sa joie et dans l'élan de sa gratitude envers son Créateur, parla sa pensée, et l'œuvre du langage se trouva accomplie.

Le VERBE sert donc à exprimer l'existence, soit d'une manière indéterminée, soit sous les rapports du TEMPS, de l'INDIVIDUALITÉ, et des AFFECTIONS DE L'AME.

Il est évident qu'on aurait pu désigner toutes les modifications possibles de l'existence au moyen de quelques mots subsidiaires, ajoutés au vocable unique, l'exprimant d'une manière incomplexe et indéterminée, comme cela se pratique quelquefois dans chaque langue ; mais le retour continuel de ce même mot dans le discours y aurait jeté une monotonie fatigante, et trop en désaccord avec la variété infinie que l'homme admirait dans les merveilles de la création et avec les facultés intellectuelles qu'il avait eues en partage. De là :

1° L'invention de quelques vocables primordiaux qui, tout en réveillant en nous l'idée d'existence, nous la représentent accompagnée d'une idée accessoire de modification quelconque, mais indéterminée; ce sont les autres verbes du langage, que des grammairiens philosophes appellent, fort convenablement : VERBES DE MODIFICATION, ou VERBES ADJECTIFS, pour les distinguer du verbe ÊTRE, auquel ils ont exclusivement réservé l'appellation de VERBE SUBSTANTIF, parce qu'il existe de lui-même, dégagé de toute idée de modification, et qu'il coexiste implicitement dans tous les autres ;

2° L'usage de quelques changements que l'on fait subir aux vocables primordiaux, pour exprimer différentes modifications déterminées de leur signification primitive;

3° L'emploi de quelques verbes particuliers qui, de l'aide qu'ils prêtent aux autres verbes de la langue, pour exprimer certaines modifications que ceux-ci ne pourraient indiquer tout seuls, ont reçu la dénomination de VERBES AUXILIAIRES.

Nota. Le verbe ÊTRE, dit Condillac, est proprement le seul ; à la rigueur, nou n'aurions pas besoin d'en avoir d'autres, mais il s'est introduit dans les langues des mots qui sont tout à la fois VERBES et ADJECTIFS : ADJECTIFS parce qu'ils expriment un attribut, et VERBES parce qu'ils expriment la coexistence d'un attribut avec son sujet.

Si un tel principe, si évident par lui-même, pouvait avoir besoin de démonstration, il suffirait d'observer : 1° que dans toutes les langues le verbe ÊTRE est tellement anomal dans toutes ses formes, qu'il y constitue une classe à lui seul ; 2° qu'il peut ou pourrait y être toujours suivi de l'ADJECTIF VERBAL DE MODIFICATION de tous les autres verbes ; car on dit effectivement dans quelques langues, et on pourrait le dire dans toutes : *Je suis aimant*, *finissant*, *recevant*, *faisant*, *prenant*, etc. ; au lieu de : *j'aime*, *je finis*, *je reçois*, *je fais*, *je prends*, etc., et ainsi dans toutes ses autres formes et personnes, tandis que, par la nature même de sa signification incomplexe, il ne saurait jamais être suivi de son propre adjectif verbal *étant*.

Les grammairiens désignent sous le nom de CONJUGAISON ce système d'après lequel on opère les changements indiqués dans les verbes d'une langue, et ils nomment VERBES RÉGULIERS ceux qui s'y conforment sans exceptions, et VERBES IRRÉGULIERS ceux qui s'en écartent occasionnellement. Dans le cours de cet ouvrage nous avons cru devoir employer le mot de LEXIGRAPHIE, de préférence au mot de CONJUGAISON, parce que celui-ci implique en lui-même l'idée du développement total du verbe, dans toutes ses formes simples et composées et dans tous ses accidents, et que nous nous occupons uniquement de ses variations matérielles, qui seules sont du ressort de la LEXIGRAPHIE proprement dite : s'il nous est arrivé parfois de nous y servir du mot de CONJUGAISON, c'est uniquement dans l'acception restreinte de *similarité dans le procédé lexigraphique*. Quant à la distinction de VERBES RÉGULIERS et de VERBES IRRÉGULIERS, nous adopterions plus volontiers celle qui a été proposée par Lemare, dans la première édition de son COURS DE LANGUE FRANÇAISE, de Verbes POLYGÈNES, OLIGOGÈNES, et MONOGÈNES, la seule qui nous paraisse admissible dans la lexigraphie des verbes français.

Nota. On appellerait verbes POLYGÈNES ceux qui se conforment, en grande masse, à une conjugaison commune ; OLIGOGÈNES ceux qui suivent une même conjugaison, en petit nombre ; et MONOGÈNES ceux qui ont une lexigraphie toute particulière à eux. On trouvera à la fin de la deuxième partie de ce Traité le classement de tous les verbes de la langue, d'après cette dénomination.

Le genre tout élémentaire de cet ouvrage ne nous permet pas d'y présenter, comme nous en avions eu d'abord le dessein, un aperçu comparatif des différents systèmes selon lesquels les modifications de l'existence ont été exprimées, du moins dans les trois langues-mères de l'Europe, et dans celles qui en dérivent ; nous nous bornerons donc à constater, qu'au plus ou moins d'ordre, de variété et de richesse qu'on remarque dans ces systèmes, on peut aisément reconnaître le génie aborigène des peuples qui ont parlé ces trois langues primitives, et l'influence, plus ou moins directe, que les circonstances locales et politiques ont particulièrement exercée sur les idiômes actuels.

La langue française, malgré les hautes et incontestables qualités qui la distinguent, et qui, depuis long-temps, l'ont rendue une langue presque universelle parmi les peuples civilisés, est la moins favorablement partagée de toutes les langues néo-latines dans la lexigraphie de ses verbes, et quel que soit le degré de perfection où l'ont amenée les illustres écrivains du siècle de Louis XIV, il n'a pas été dans leur pouvoir de faire disparaître la pauvreté originelle de sa souche gauloise : *manent adhuc vestigia ruris.* La civilisation la plus accomplie d'un peuple et sa supériorité dans les sciences et dans les arts peuvent ajouter des ornements pompeux à l'édifice de sa langue, et en coordonner même la disposition avec autant de goût que d'élégance, mais c'est en vain qu'elles essaieraient d'en reconstruire la charpente.

En effet, les verbes français offrent si peu de variété dans leurs modifications finales, qu'il en résulte une foule d'homonymes et de mots à double entente qui en faussent souvent l'application ; et telle est la rudesse de quelques unes de leurs désinences, que l'usage se refuse à les employer, en contravention manifeste et continuelle aux règles de la syntaxe. Quant à leurs nombreuses anomalies, elles présentent une si grande difficulté de mécanisme, qu'elle a fait jeter au célèbre *abbé de Condillac* ce décourageant cri de détresse : *Je ne conseille à personne d'étudier la conjugaison des verbes ; c'est de l'usage qu'il faut les apprendre.* On ne l'a que trop cru sur parole ; aussi il y a bien peu de personnes, même parmi les gens de lettres, qui n'éprouvent souvent de l'embarras à les employer ; quant au peuple et aux étrangers, c'est pour eux la *mer à boire* (qu'on nous permette cette expression triviale, mais énergique). Plusieurs grammairiens se sont depuis efforcés de trouver le fil d'Ariane dans le dédale de cette partie si importante de l'enseignement grammatical ; mais, en s'y fourvoyant eux-mêmes encore plus que leurs devanciers, ils n'ont fait qu'ajouter au désordre préexistant, parce que les derniers comme les premiers ont toujours pris un faux point de départ.

Le but que nous nous sommes proposé dans ce petit ouvrage, que nous offrons avec confiance au public, et surtout aux étrangers qui, comme nous, cultivent cette belle langue, est celui de faire disparaître toutes les difficultés qu'on a rencontrées jusqu'à ce jour dans la lexigraphie de ses verbes, en l'établissant sur une méthode uniforme et invariable. Si nous l'avons atteint, et la longue expérience que nous avons pu faire de cette méthode dans l'enseignement nous en donne l'espoir, nous pourrons nous flatter d'avoir victorieusement résolu un problème qu'en dernier ressort on avait jugé insoluble. Avant de développer notre système, nous devons cependant déclarer que l'idée primitive ne nous en appartient pas en entier : elle se trouve, indiquée pour le moins, dans la première édition du COURS DE LANGUE FRANÇAISE, de Lemare ; et il est à regretter que cet habile grammairien y ait renoncé dans les éditions subséquentes de son ouvrage. Nous n'avons fait que la systématiser, au moyen de quelques signes abstraits, comme on peut le voir dans notre TABLEAU SYNOPTIQUE, et nous croyons être parvenu à la développer dans tous ses détails, et à la généraliser dans toutes ses applications possibles : *facile inventis addere.*

Dans tout mot primordial des verbes, que les grammairiens sont convenus d'appeler l'INFINITIF, on doit toujours reconnaître deux parties bien distinctes dont il se compose : 1° celle qui exprime en elle-même sa signification ; 2° celle qui indique que cette signification est énoncée indépendamment de toute idée de détermination. La première s'appelle la RACINE, ou le RADICAL du verbe, la seconde la TERMINAISON de son infinitif ; et sous ce dernier rapport les verbes français peuvent être matériellement classés en cinq catégories ; savoir : verbes en ER, en IR, en OIR, en RE précédé d'une vocalisation, et en RE précédé d'une articulation. Ces terminaisons, étant elles-mêmes différemment modifiées par les lettres qui les précèdent immédiatement, et que nous nommerons PRÉDOMINANTES, produisent de nouvelles terminaisons, qu'on peut nommer DÉSINENCES, d'après lesquelles les verbes peuvent être subdivisés en d'autres classes spéciales. Cette classification, que nous croyons avoir opérée avec le plus grand soin dans notre TABLEAU SYNOPTIQUE, est d'autant plus utile à établir, qu'elle fait mieux ressortir les analogies plus ou moins étendues des verbes dans leur développement lexigraphique, et qu'elle est un puissant auxiliaire pour la mémoire.

De ce que les verbes français se terminent de cinq manières différentes à leurs infinitifs, il ne s'ensuit nullement qu'ils constituent un pareil nombre de conjugaisons, comme les grammairiens paraissent l'avoir toujours cru ; et voilà précisément le faux principe, dont ils n'ont jamais songé à se départir, et qui a été la cause de toutes leurs erreurs.

La lexigraphie des verbes français se compose en effet de deux éléments réunis ; savoir : 1° de leurs radicaux ou de leurs infinitifs ; 2° de certaines variations que l'on substitue à la terminaison de l'infinitif, ou que l'on y ajoute, et que l'on peut nommer INFLEXIONS. L'emploi des radicaux, ou des infinitifs, se présente sous tant d'aspects divers dans la lexigraphie de ces verbes, qu'il serait absolument impossible d'y baser un système quelconque de conjugaison, tandis que les inflexions ne s'y opèrent que de deux manières uniques, et encore l'une ne diffère-t-elle de l'autre que dans cinq cas particuliers.

C'est sur ce principe que nous divisons en deux conjugaisons les 7361 verbes existants dans la langue. Les verbes en ER, au nombre de 6378, appartiennent à la première, et les 983 autres, quelle que soit la terminaison de leurs infinitifs, à la seconde (*Voyez la deuxième partie de cet ouvrage*).

Nota. M. Lemare, dans la première édition de son *Cours de Langue Française*, donne au VERBE le nom de CONJONCTIF, et dans la dernière de 1835, celui d'ADJECTIF AFFIRMATIF. Il nous paraît que ces deux dénominations sont aussi inexactes l'une que l'autre, et nous ne voyons pas de raison pour donner au VERBE d'autre nom que celui qui lui est si propre, et qui le caractérise si bien entre toutes les autres parties du discours : la meilleure appellation du VERBE, c'est VERBE.

Ce même grammairien ne compte, dans la première édition précitée, que 4560 verbes dans la langue, qu'il classe en cinq conjugaisons différentes, savoir : 3860 en ER, 444 en IR, 135 en RE, 81 en IRE, 40 en OIR ; et dans la dernière édition il en réduit encore le nombre à moins de 4500, désignés, dit-il, par leurs infinitifs *de* TROIS *sortes* : en ER, en IR et en IRE ; et il y donne deux seuls modèles de conjugaison, le premier pour les verbes en ER, le second pour les verbes en IR, rejetant, en bloc, tous les verbes qui ne s'y conforment pas entièrement, dans la masse des verbes irréguliers.

M. Lemare ne s'est pas moins trompé dans le dénombrement des verbes que dans le classement qu'il en a établi. Nous renvoyons nos lecteurs aux différentes éditions de son ouvrage.

Les grammairiens désignent sous le nom de TEMPS les différents groupes des modifications d'un verbe qui se rapportent à l'INDIVIDUALITÉ UNE OU MULTIPLE à l'égard du TEMPS, et sous celui de MODES les réunions en classes de ces mêmes groupes, d'après la manière dont ils en expriment la signification primitive, selon les AFFECTIONS DE L'AME ; et pour distinguer plus spécialement chacun des TEMPS et des MODES, ils se sont servis jusqu'à ce jour d'une terminologie aussi impropre que bizarre, à laquelle on n'a jamais rien compris, et que nous nous garderons bien de rapporter.

Le verbe ÊTRE, a dit Condillac, étant le type de tous les autres verbes d'une langue, ses FORMES (et il comprend sous ce mot unique les TEMPS et les MODES des grammairiens) doivent servir de dénomination aux formes des autres verbes, ce qu'il fait en les désignant sous un numéro d'ordre, par la première personne du singulier de chaque forme du verbe type. Ce système, aussi simple que rationnel, a déjà été adopté par des lexicologues distingués ; nous en avons toujours fait usage avec succès dans l'enseignement, et nous l'avons appliqué dans la confection de notre TABLEAU SYNOPTIQUE DES VERBES, dont nous allons maintenant développer le mécanisme dans tous ses détails.

Quant à l'emploi des formes d'un verbe dans le discours, il rentre dans les attributions particulières de la syntaxe, et nous n'avons pas mission de nous en occuper dans ce Traité.

Le Tableau Synoptique et la Table modèle qui accompagnent ce petit ouvrage, auquel notre intention était d'abord de donner plus d'étendue, et que nous comptions publier dans un plus grand format, ont été imprimés à Londres. Les grandes difficultés que nous avons rencontrées dans l'impression de ces Tables en Angleterre, et les frais énormes qu'y nécessite la publication de tout ouvrage dans une langue étrangère, nous ont déterminé à faire imprimer à Paris ce *Traité de la Lexigraphie des Verbes français*. Nous avons d'autant plus volontiers pris cette résolution, que depuis long-temps nous désirions nous fixer dans cette capitale, où nous espérions trouver plus d'encouragements, et des juges plus équitables et plus compétents que nous n'en avons rencontré ailleurs.

Nous ne nous sommes pas trompé dans notre attente, et nous saisissons avec empressement cette occasion pour témoigner toute notre reconnaissance aux littérateurs et aux philologues éminents qui ont bien voulu nous encourager par leurs suffrages à cette publication et nous assister de leurs conseils.

Puisse le succès de ce petit ouvrage, que nous recommandons très-particulièrement à la bienveillance des Instituteurs et des Institutrices, nous mettre bientôt à même de publier d'autres travaux philologiques, que nous tenons tout prêts pour l'impression, et qui peut-être seront de quelque utilité pour l'enseignement des langues en général.

DEUXIÈME PARTIE.

OBSERVATIONS SUR LE TABLEAU SYNOPTIQUE.

MÉCANISME ET APPLICATION DU TABLEAU.

Quoique nous soyons parvenu à insérer dans notre TABLEAU SYNOPTIQUE toutes les explications strictement nécessaires pour l'intelligence des signes dont nous y avons fait usage, et pour le complément de la lexigraphie de tous les verbes dans toutes leurs différentes anomalies, cependant le peu d'espace que nous avons pu nous y ménager nous force à donner ici de plus amples éclaircissements sur son mécanisme, afin de prévenir toutes les difficultés qu'on pourrait rencontrer dans son application. Si nous entrons dans des détails parfois trop minutieux, c'est uniquement parce que l'expérience nous en a fait sentir le besoin, en beaucoup de cas particuliers; nous croyons d'ailleurs qu'en fait d'enseignement on ne saurait jamais être assez clair pour de jeunes capacités, et il y a tels principes, surtout dans de nouveaux systèmes, qu'il convient de leur présenter sous tous les points de vue possibles, pour qu'elles en saisissent plus facilement la connexion.

Nous fixerons d'abord l'attention du lecteur sur le PARADIGME DES INFLEXIONS, qui se trouve au milieu du Tableau. Ce Paradigme est divisé en six colonnes; la première, à gauche, présente les NUMÉROS D'ORDRE et la DÉNOMINATION DES FORMES, séparées les unes des autres par des lignes horizontales (*Voyez la première partie de cet ouvrage, à la fin*); les cinq autres colonnes, désignées sous les n°s 1, 2, 3, 4, 5, contiennent les inflexions que l'on doit ajouter aux radicaux ou aux infinitifs des verbes, pour en développer la lexigraphie. La colonne n° 1 comprend les inflexions du singulier de la 1re forme et l'inflexion de la seconde personne du singulier de la 8e; la colonne n° 2 les inflexions du pluriel de la 1re forme, celles de la 2e et de la 6e, l'inflexion de la troisième personne du singulier et celles du pluriel de la 8e, ainsi que l'inflexion unique de la

9e forme; la colonne no 3 contient les inflexions de la 3e forme et de la 7e; la colonne no 4 celles de la 4e et de la 5e forme; la colonne no 5, enfin, les inflexions de genre et de pluralité de la 10e.

Les remarques qui se trouvent au-dessous du Paradigme sont si complètes, qu'elles ne nous laissent rien à y ajouter. Nous ferons seulement observer que nous entendons par DIGRAMME la réunion orthographique de deux voyelles produisant un son simple; tandis que DIPHTHONGUE signifie la réunion de deux voyelles produisant un son composé.

Nous avons écrit les inflexions de la 2e et de la 5e forme, qui sont similaires, par un *a* au lieu de l'*o* de l'ancienne orthographe. C'est un fait accompli, sur lequel il serait inutile de revenir dans l'enseignement, puisque cette néographie de Laurent Joubert, dont Voltaire s'est fait, de sa propre autorité, le promoteur, a été presque généralement adoptée par l'usage, et qu'elle a reçu la sanction finale de l'Académie; mais nous n'en déplorons pas moins ce changement irréfléchi, lequel, s'il venait à être admis comme précédent, amènerait bientôt la confusion de Babel dans la langue écrite (*Voyez les Notions élémentaires de Linguistique, par M. Charles Nodier*). Il faut croire que l'Académie a eu ses raisons pour s'y soumettre; mais c'est à elle de déclarer hautement aux innovateurs que désormais elle NE FERA PLUS DE CONCESSIONS.

Les cinq compartiments dans la partie supérieure du Tableau sont les TABLES SPÉCIALES des verbes primordiaux, dont chacune porte en tête la terminaison particulière de ses infinitifs : ER, IR, OIR, RE 1, précédé d'une voyelle, d'un digramme, ou d'une diphthongue; RE 2, précédé d'une consonne. Ces Tables sont également divisées en six colonnes : la première, à gauche, présente les INFINITIFS des verbes, et les cinq autres, désignées par les nos 1, 2, 3, 4, 5, les radicaux respectifs, auxquels on doit ajouter les inflexions des colonnes correspondantes, sous les mêmes numéros, du Paradigme.

Les quatre compartiments dans la partie inférieure du Tableau sont les TABLES GÉNÉRALES des verbes en IR, OIR, RE 1, RE 2. Nous n'avons pas donné de table pour les verbes en ER, parce qu'ils sont trop nombreux, et que d'ailleurs ils se lexigraphient tous invariablement de même, à l'exception des deux verbes ALLER et ENVOYER, contenus dans la Table spéciale. Quant aux règles orthographiques particulières à des verbes en ER de certaines désinences, on les trouvera très-complètement exposées dans la troisième partie de cet ouvrage, où nous donnons de plus la spécification des 6378 verbes de cette terminaison, par ordre d'analogie.

Les infinitifs des verbes primordiaux sont distingués, dans ces Tables, par une lettre capitale, hors de ligne, et ils se retrouvent, dans la même disposition, seuls ou compris sous une désinence commune, dans les tables spéciales.

Chaque verbe primordial est suivi de son réduplicatif et de son annulatif, quand il en existe, ainsi que de tous ses dérivés et subdérivés, par ordre alphabétique, en lignes rentrantes, les uns à l'égard des autres. Nous avons mis le plus grand soin dans la confection de ces Tables, et nous croyons qu'on n'en a jamais présenté d'aussi complètes et d'aussi méthodiquement formées, dans aucun ouvrage de ce genre. Quant à l'arrangement successif des verbes primordiaux dans ces tables, nous avons adopté celui qui nous a paru le plus convenable aux verbes de chaque terminaison ; il sera très-facile au lecteur de le reconnaître.

La division au bas de la 4e colonne des Tables générales comprend les verbes essentiellement défectifs ou surannés de chaque terminaison, et il en sera fait mention spéciale dans les REMARQUES DÉTACHÉES.

Nota. On trouvera même dans le corps des Tables générales quelques verbes peu ou point usités, et d'autres qu'on ne saurait employer dans toutes leurs modifications ; mais comme ce sont tous des verbes dérivés, ou compris dans une désinence commune, nous n'avons pas cru devoir les en exclure : il aurait été d'ailleurs assez difficile d'en indiquer d'une manière péremptoire l'admission ou le rejet : c'est l'usage et l'oreille qu'il faut consulter à cet égard.

L'explication des signes employés dans le Tableau, et qui se trouve immédiatement au-dessous de la Table générale des verbes en OIR, nous paraît assez claire ; néanmoins, comme nous avons remarqué qu'on ne saisissait pas toujours facilement la valeur que nous avons donnée au signe —|, nous ajouterons ici, en forme d'élucidation, que les lettres qui le suivent à la droite doivent remplacer, dans les radicaux, la désinence de l'infinitif, telle qu'elle se trouve séparée dans la première colonne. Que l'on ait, par exemple, à lexigraphier le verbe CRAINDRE, compris dans le groupe des désinences AI, EI, OI, —|NDRE, dans la table spéciale des verbes en RE 2; ses radicaux n°s 1, 2, 3 et 5, seront crai*n ;* craig*n ;* craig*ni ;* crai*nt ;* et ainsi dans tous les autres verbes, dont quelques radicaux sont désignés par ce signe.

D'après cet exposé l'on verra, à la simple inspection du Tableau, que chaque verbe a cinq radicaux proprement dits, dont le n° 2 quelquefois double, mais qui ne diffèrent pas toujours nécessairement les uns des autres. Ces radicaux correspondent à ce que les grammairiens ont appelé jusqu'à ce jour, on ne sait trop pourquoi, TEMPS PRIMITIFS.

Les radicaux n°s 1, 2, 3 et 5, correspondant aux formes n°s 1, 2, 3, 6, 7, 8, 9 et 10, concourent à la lexigraphie des verbes, sous trois aspects divers : 1° Ils sont PRIMITIFS lorsque, indiqués par la ligne ———, ils se forment des infinitifs des verbes, moins leur terminaison particulière (*Voyez la première partie de cet ouvrage*); 2° nous les appelons MODIFIÉS toutes les fois qu'une ou plusieurs lettres, notées à la droite de la ligne, doivent être ajoutées, pour complément, au radical primitif; 3° ils sont enfin IRRÉGULIERS ou ANOMAUX lorsqu'ils diffèrent totalement du radical primitif, et dans ce cas nous les marquons en toutes lettres; ceux qui sont affectés du signe —| sont tous de ce nombre. Les radicaux n° 4, qui correspondent à la 4e et à la 5e forme, sont seulement PRIMITIFS ou IRRÉGULIERS; dans le premier cas, ils sont indiqués par la ligne ————, un peu plus longue que celles des autres colonnes, et ils se forment de l'infinitif tout entier, dans les verbes en ER, IR, OIR; et de l'infinitif, moins l'E final, dans les verbes en RE; dans le second cas ils sont, ainsi que ceux des autres colonnes, représentés en toutes lettres.

Il nous semble qu'une pareille division et qu'une telle dénomination des radicaux ne peuvent offrir la moindre difficulté dans l'enseignement, même aux intelligences les plus tardives; néanmoins plusieurs professeurs en ont paru effarouchés, et nous ont donné à entendre qu'on ne parviendrait jamais à la faire admettre dans les écoles. Nous pouvons les rassurer sur ce point, car les nombreuses expériences que nous avons faites de ce système dans les pensionnats nous ont prouvé au contraire que les jeunes personnes, et particulièrement celles qui n'avaient pas encore appris les verbes dans les grammaires, le saisissaient de prime abord, et nous avons de plus presque constamment observé que les élèves, dès la première leçon, se faisaient à cet égard les moniteurs de leurs institutrices ou de leurs maîtres. Cela s'explique; c'est qu'elles n'avaient rien à désapprendre. La nouvelle terminologie que nous proposons dans cet ouvrage est d'autant plus claire et intelligible, qu'elle résulte des faits eux-mêmes, tandis que la nomenclature inconsidérément suivie jusqu'à ce jour par la plupart des grammairiens est un contre-sens manifeste.

Nous croyons que le seul obstacle que M. Lemare a rencontré dans le développement de ce système, dont il avait bien apprécié la justesse et pressenti les avantages, a été précisément la détermination de ces mêmes radicaux; nous l'avons heureusement surmonté, en adoptant un signe abstrait pour l'indication des PRIMITIFS, ce qui nous a fourni le moyen de pouvoir établir la véritable différence entre les MODIFIÉS et les ANOMAUX. C'est un succès que M. Lemare, lui-même, s'est fait un plaisir de reconnaître, avec cette franchise qui est la marque des esprits vraiment supérieurs. La meilleure preuve que nous puissions en donner, c'est que ce savant grammairien, dont nous tenons à grand honneur d'avoir été le disciple, voulut bien se mettre à la tête de nos souscripteurs, lorsque nous eûmes, en 1835, l'occasion de soumettre à son examen cet ouvrage et d'autres travaux philologiques.

Dans la confection de notre Tableau synoptique nous avons eu à vaincre de bien plus grandes difficultés encore, pour l'agencement des parties qui le composent, et nous en devons la satisfaisante solution à des connaissances qui n'ont aucun rapport au genre de nos études actuelles.

Tout le mécanisme de notre système consiste, ainsi qu'on a déjà pu l'apercevoir, à réunir toujours d'une manière invariable, les deux éléments d'où résulte la lexigraphie des verbes; c'est-à-dire à constamment ajouter les inflexions du paradigme aux radicaux respectifs de chaque verbe, désignés sur la même ligne de son infinitif dans la table spéciale de sa terminaison.

Toutes les fois qu'un verbe quelconque présente dans son développement lexigraphique des anomalies particulières, soit dans quelques-unes de ses inflexions, soit dans l'emploi d'un radical, on en est averti par les signes × ou × × × ; ce sont des RENVOIS aux REMARQUES sur les verbes de chaque terminaison qui se trouvent au bas du tableau, et qu'on devra toujours consulter préalablement, ainsi que les REMARQUES DÉTACHÉES, qui forment la troisième partie de cet ouvrage.

Pour que les élèves parviennent promptement à bien reconnaître et déterminer la nature des radicaux et des anomalies, il est indispensable de leur faire écrire, du moins dans la première leçon, soit en divers caractères, soit avec une encre différente de couleur : 1° les *Modifications des Radicaux*, c'est-à-dire les lettres qu'on doit ajouter, pour complément, aux *Primitifs ;* 2° les *Radicaux Irréguliers ;* 3° les *Anomalies* des *Inflexions.* Nous ne saurions assez recommander cette méthode dans l'enseignement, et c'est pour en faciliter l'intelligence, que nous donnons une *Table d'Application* très-soigneusement exécutée, qui pourra servir de modèle. Il est bon d'ajouter que dans quelques cas particuliers nous avons trouvé convenable de faire écrire, tout au commencement, deux ou trois verbes, de la manière indiquée, mais dans la même disposition que les cinq colonnes du *Paradigme* des *Inflexions ;* et nous avons constamment observé que par ce moyen les élèves saisissaient plus aisément et plus vite le mécanisme de notre système. Ce procédé, dont on pourra faire usage au besoin, est si simple qu'il ne saurait offrir la moindre difficulté dans son application.

Aussitôt que les élèves auront bien compris la valeur des signes employés dans notre *Tableau Synoptique*, ainsi que le rapport des *Radicaux* avec les *Inflexions*, on pourra les exercer à la lexigraphie de tous les verbes, immédiatement sur le tableau, et nous avons la certitude qu'ils y parviendront en deux ou trois séances tout au plus ; tandis qu'en suivant la méthode usitée jusqu'à ce jour ils ne peuvent apprendre à conjuguer les verbes, si jamais ils les apprennent, qu'au bout de plusieurs mois d'études aussi longues que fastidieuses, et sans jamais pouvoir se rendre compte de leur mécanisme.

OBSERVATIONS ANALOGIQUES SUR LES INFLEXIONS.

Quoique les inflexions, telles que nous les avons présentées dans notre Tableau synoptique, soient au nombre de 50 pour les verbes en ER, et de 51 pour tous les autres, leur nombre réel est cependant bien moindre, puisque, en ne les considérant même que sous le rapport de leurs variations orthographiques, elles ne sont que de 26 pour les premiers et de 25 pour les seconds, les mêmes inflexions y reparaissant assez souvent dans une ou plusieurs formes. Ces inflexions peuvent être divisées en deux classes, savoir : INFLEXIONS VOCALES et INFLEXIONS CONSONNANTES, selon que leur première lettre est une voyelle ou une consonne. (*Nous en donnons ci-contre la spécification.*) Les inflexions vocales, en réunissant en groupes celles qui sont homophones, indépendamment de leur prononciation accidentelle dans le discours, ne sont que de huit : 1° E muet (*e, es, ent*); 2° E fermé (*ez, ai, i*), (*voyez la note qui suit*); 3° E ouvert (*ais, ait, aient*); 4° A (*as, a*); 5° AN (*ant*); 6° ION (*ions*); 7° IÉ (*iez*); 8° ON (*ons, ont*).

SPÉCIFICATION DES INFLEXIONS

VOCALES.		CONSONNANTES.	
7 4	*e*	1	sse
		1	mes
3 2	*es*	1	tes
		1	sses
3	*ent*	1	rent
		1	ssent
3	*ez*		
1	*ai*		
1 »	*i*		
4	*ais*		
2	*ait*		
2	*aient*		
1	*as*		
1	*a*		
1	*ant*		
3	*ions*	1	ssions
3	*iez*	1	ssiez
3	*ons*		
1	*ont*		
		2 6	s
		1 3	t
39 34		11 17	

Nota. Nous avons indiqué, à la gauche de chaque inflexion, le nombre de fois qu'elle paraît dans le Paradigme. Lorsque les chiffres sont doubles, le premier se réfère aux verbes en ER, le second à tous les autres, et lorsqu'ils sont seuls à tous les verbes indistinctement. Les inflexions consonnantes composées se trouvent en regard des inflexions vocales qu'elles modifient, et indiquées par des caractères différents dans leur composition.

Nous avons compris dans le deuxième groupe (E fermé) l'*i* inflexion de la première personne du singulier de la 3e forme des verbes en ER, parce que cette lettre, nulle en elle-même comme inflexion, ajoutée à la modification A du radical n° 3 produit le digramme AI, qui se prononce É (*Voyez les Remarques sur le Paradigme*).

Aux inflexions consonnantes on peut ajouter la lettre *x*, qui, dans quelques verbes en OIR, remplace les inflexions *s* de la colonne n° 1 du Paradigme.

Quelque restreint que soit le nombre des inflexions dans les verbes, il n'en résulte pas une aussi grande uniformité qu'on pourrait le croire dans leurs désinences lexigraphiques, parce que cette uniformité y est, en quelque sorte, détruite par l'action des radicaux, très-variés, qui sont les véritables pivots de la lexigraphie des verbes français. Il n'en est cependant pas moins vrai que le trop petit nombre de ces inflexions, leur similarité de sons trop fréquente, et les consonnances accidentelles qui résultent de leur application à de certains radicaux, occasionnent de très-grands inconvénients dans la langue, que nous avons à peine indiqués dans la première partie de cet ouvrage, et qui sont trop évidents pour que nous ayons besoin de les particulariser ici.

L'orthographe n'étant presque jamais dans la langue française l'expression écrite de la parole, et pour notre part nous croyons qu'elle ne l'est pas toujours exactement dans aucune, on doit concevoir combien il est important d'accoutumer de bonne heure les élèves à bien orthographier les radicaux, et particulièrement ces inflexions dont la prononciation absolue est la même, quoique indiquée par des signes graphiques différents. Nous aimons à croire que la spécification classifiée que nous avons donnée de toutes les inflexions des verbes pourra être de quelque avantage dans l'enseignement, surtout si l'on s'applique à exercer les élèves, comme nous l'avons toujours fait, à déterminer de mémoire les formes et les personnes auxquelles appartiennent les différentes inflexions.

OBSERVATIONS ANALOGIQUES SUR LES RADICAUX.

—

Verbes en ER.

Tous les nombreux verbes de cette terminaison étant lexigraphiés de même, à l'exception d'ALLER et d'ENVOYER avec son réduplicatif, nous avons pu en indiquer la conjugaison dans une seule ligne et par deux seules lettres de modification.

Voyez, pour les doubles anomalies du verbe ALLER, à la 1re et à la 8e de ses formes, les Remarques sur les verbes en ER, au bas du Tableau.

Les radicaux nos 1, 2 et 4 des verbes en ER sont primitifs, les nos 3 et 5 modifiés; mais il faut observer, à l'égard du radical n° 3, que la modification A se change en È à la troisième personne du pluriel de la 3e forme (*Voyez les Remarques sur le Paradigme*), et que par ce changement l'expression lexigraphique de cette personne peut être considérée comme se composant de l'infinitif, plus l'inflexion vocale *ent*. Il en est de même, pour cet accident, de la plupart des verbes en IR, qui ont ce même radical modifié en I, et pour ceux des verbes en RE 1, qui l'ont primitif, si l'on en retranche l'E final.

Voyez les Remarques détachées sur les verbes en ER, dans la troisième partie de cet ouvrage.

Verbes en IR.

Tous les verbes en IR qui ne figurent point dans la Table générale de cette terminaison se conjuguent comme FINIR, le premier inscrit dans les deux tables : ils sont au nombre de 421, et forment la 2e conjugaison des grammaires.

Le radical n° 4 est le seul primitif dans ces verbes; les radicaux nos 1, 3 et 5 sont modifiés en I, et se composent conséquemment de l'infinitif diminué de sa finale R.

Le radical n° 2 étant modifié en ISS, il résulte de cette modification que la 6e et la 7e forme de ces verbes sont identiques, à l'exception de la troisième personne du singulier. C'est encore un des nombreux inconvénients que nous avons signalés dans la lexigraphie des verbes français : il se reproduit très-souvent et cause beaucoup d'incertitude aux étrangers.

Les verbes compris dans la 2e division de la Table générale se lexigraphient tous comme SENTIR, le deuxième en ordre dans la Table spéciale.

Voyez les Remarques détachées sur les verbes en IR pour quelques uns des verbes de cette catégorie, qui, dans des cas particuliers, suivent la lexigraphie du verbe FINIR.

Le radical n° 1 de ces verbes est irrégulier, en ce qu'il rejette, dans sa formation, la prédominante de l'infinitif; les radicaux nos 2 et 4 sont primitifs, et les nos 3 et 5 sont modifiés en I. La similarité de ces deux derniers radicaux forme la grande analogie des verbes de cette terminaison.

Voyez, pour tous les verbes en IR dont le radical n° 3 est modifié en I, notre observation sur le radical n° 3 des verbes en ER.

La colonne n° 3 de la Table spéciale de ces verbes ne présente que deux radicaux modifiés en U et deux irréguliers, et nous devons faire observer que les deux verbes en ENIR, avec leurs nombreux dérivés, sont les seuls des verbes français dont le radical n° 3 se termine par une consonne; aussi quelques grammairiens ont assez inconsidérément essayé d'en faire une conjugaison distincte.

Les radicaux n° 3 ont été jusqu'à ce jour la pierre d'achoppement pour tous les lexigraphes français qui ont voulu introduire une sorte de système dans la conjugaison des verbes; la véritable difficulté était cependant ailleurs, et ils ne l'ont pas aperçue.

La colonne n° 5 présente trois radicaux modifiés en U et trois irréguliers.

FUIR a ses radicaux nos 1, 2, 3 et 5 tous formés de l'infinitif moins sa finale R. (*Pour le changement de l'*i *en* y *au radical n° 2, voyez la 6e remarque sur les verbes en ER, dans la troisième partie de ce Traité.*)

BOUILLIR est irrégulier au radical n° 1 ; FAILLIR y est défectif.

Les radicaux n° 1 des verbes TENIR et VENIR, de ceux en QUÉRIR et de MOURIR sont irréguliers ; mais leur irrégularité peut n'être considérée que comme une simple modification euphonique, qui a également lieu dans quelques verbes en OIR.

Les cinq autres verbes insérés dans la Table spéciale ont le radical n° 1 primitif. (*Voyez pour les anomalies des inflexions les Remarques sur les verbes en IR, au bas du Tableau.*)

Les verbes TENIR et VENIR, ceux en QUÉRIR et MOURIR ont un double radical n° 2, dont le second est le même que le n° 1. (*Voyez, pour le redoublement de la* n *dans le second radical des verbes en* ENIR, *la 5e remarque sur les verbes en ER, et celles sur les verbes en IR de la 3e division dans la troisième partie de ce Traité.*)

Tous les autres radicaux de la colonne n° 2 sont primitifs, à l'exception de ceux de FINIR et de FUIR, dont nous avons déjà fait mention.

La colonne n° 4 ne contient que six radicaux irréguliers : ceux des verbes CUEILLIR et SAILLIR changent l'I de la terminaison en E. (*Voyez, pour le verbe* SAILLIR, *les Remarques sur les verbes en IR de la 2e division.*)

Le radical n° 4 des verbes TENIR et VENIR se forme en ajoutant DR au radical n° 1, et ceux des verbes en QUÉRIR, de COURIR et de MOURIR, en redoublant la prédominante R. Le redoublement de cette lettre est la seule différence qui existe entre la 2e et la 5e forme de ces verbes ; aussi trouve-t-on peu de personnes qui ne s'y trompent fort souvent, les Français aussi bien que les étrangers.

Nous revenons constamment sur les nombreux inconvénients que présente la lexigraphie des verbes français, parce qu'ils nous paraissent très-graves, et parce que les grammairiens ne s'en sont jamais doutés.

Nota. Le verbe COUVRIR, quoique primordial, et comme tel inséré dans la Table générale des verbes en IR, ne se trouve point noté dans la Table spéciale de ces mêmes verbes, parce qu'il se lexigraphie absolument comme OUVRIR, qui le précède en ordre dans la première de ces Tables ; il en est de même dans les Tables des autres terminaisons, pour quelques verbes dérivés dans leur forme matérielle et non dans leur signification. Ces mêmes verbes néanmoins sont distinctement inscrits comme primordiaux dans le CLASSEMENT DE TOUS LES VERBES, à la fin de cette deuxième partie.

Voyez les Remarques détachées sur les verbes en IR.

Verbes en OIR.

Les verbes de cette terminaison, qui sont les moins nombreux dans la langue, présentent le plus d'anomalies et de difficultés dans leur lexigraphie. Nous n'avons réussi à les soumettre tous à notre système qu'à l'aide des nombreuses remarques au bas du Tableau, qu'on devra soigneusement consulter.

La Table spéciale de ces verbes contient 17 primordiaux et une désinence ; il faut néanmoins observer que les verbes PRÉVALOIR, PRÉVOIR, POURVOIR, ASSEOIR et SURSEOIR, quoique effectivement dérivés des verbes VALOIR, VOIR et SEOIR, y figurent comme primordiaux, parce qu'ils diffèrent occasionnellement de ceux-ci dans leur développement lexigraphique.

AVOIR se trouve inscrit le premier dans cette Table, et comme verbe auxiliaire, et parce que sa lexigraphie est, dans quelques cas, tout exceptionnelle.

Les radicaux n° 1 des verbes en OIR sont irréguliers, à l'exception de ceux des verbes DÉCHOIR, VOIR, PRÉVOIR, POURVOIR et SURSEOIR, qui, tous modifiés par la diphthongue OI, se composent de l'infinitif moins la R finale. (*Pour les anomalies des inflexions, indiquées par les signes ×, voyez les Remarques sur les verbes en* OIR, *au bas du Tableau, sous l'accolade :* 1er Radical.)

Les verbes PLEUVOIR et PRÉVALOIR sont les seuls de cette terminaison dont le radical n° 2 soit simple et primitif ; les cinq verbes mentionnés ci-dessus l'ont modifié en OY, qui se change en OI devant les inflexions en *e* muet. Celui du verbe ASSEOIR est modifié en Y (*Voyez la 6e remarque sur les verbes en* ER, *dans la troisième partie de cet ouvrage*). Les radicaux n° 2 de tous les autres verbes sont doubles ; les anomalies, assez fréquentes dans leur emploi, se trouvent indiquées dans les remarques, au bas du Tableau, sous l'accolade : 2e Radical.

Les radicaux nos 3 et 5 de ces verbes, modifiés ou irréguliers en U, sont identiques, à l'exception des verbes VOIR et PRÉVOIR, qui ont le radical n° 3 modifié en I, et des verbes ASSEOIR et SURSEOIR, dont le radical n° 3 est irrégulier, pareillement en I, et le radical n° 5 en IS. Le verbe SEOIR manque de ces deux radicaux.

Les verbes PRÉVOIR, POURVOIR et SURSEOIR ont le radical n° 4 primitif; tous les autres l'ont irrégulier.

Six verbes seulement de cette terminaison suivent une lexigraphie commune : ce sont les verbes DEVOIR, et les cinq verbes compris sous la désinence CEVOIR : APERCEVOIR, CONCEVOIR, DÉCEVOIR (peu usité dans ses formes simples), PERCEVOIR et RECEVOIR; ils n'en ont pas moins joui jusqu'à ce jour du singulier privilége de constituer, à eux seuls, la prétendue 3e conjugaison des grammairiens.

Nota. Le verbe ÉCHOIR, noté comme primordial dans la Table générale, étant peu usité, nous avons cru devoir inscrire de préférence son dérivé DÉCHOIR dans la Table spéciale.

Voyez les Remarques détachées sur les verbes en OIR.

Verbes en RE 1.

Les verbes de cette terminaison, précédée d'une vocalisation, peuvent être classés en six catégories distinctes, d'après leurs désinences générales : AIRE, IRE, OIRE, ORE, UIRE et URE; et c'est suivant cet ordre alphabétique que nous les avons disposés dans leurs deux tables.

Les radicaux primitifs dominent tellement dans la Table spéciale de ces verbes, qu'il nous a suffi de 59 lettres pour y déterminer la modification ou l'irrégularité de tous les autres.

Tous les verbes en RE 1 ont le radical n° 1 primitif; c'est en quoi ils se distinguent principalement de tous les autres verbes de la langue.

Les verbes FAIRE et BOIRE ont le radical n° 2 double, avec cette différence que le premier de FAIRE est modifié et le second irrégulier; tandis que le premier de BOIRE est irrégulier et le second modifié : ce sont les seuls cas des deux radicaux n° 3, l'un modifié et l'autre irrégulier, concourant à la lexigraphie des mêmes formes. Les autres radicaux n° 2 des verbes de cette terminaison sont primitifs ou modifiés. Le verbe FRIRE n'est point usité dans les formes qui dépendent de ce radical.

Les verbes en IRE, à l'exception de ceux de la désinence CRIRE e de LIRE, et les verbes en CLURE ont le radical n° 3 primitif; conséquemment la troisième personne du pluriel de la troisième forme y est exprimée par l'infinitif suivi de l'inflexion vocale *ent.* (*Voyez notre observation sur le radical* n° 3 *des verbes en* ER.)

Les radicaux n° 3 des verbes en CRIRE, DUIRE et TRUIRE, ainsi que des verbes CUIRE et NUIRE se forment en ajoutant un I à leurs radicaux correspondants n° 2.

Les verbes PLAIRE, TAIRE, LIRE, CROIRE et BOIRE ont les radicaux n°s 3 et 5, irréguliers en U et identiques, et cette identité a lieu dans tous les verbes de la langue dont le radical n° 3 est modifié ou irrégulier en U. Il n'y a que deux seuls verbes qui fassent exception à cette grande analogie : ce sont les verbes ÊTRE et MOURIR.

TRAIRE, BRAIRE, RAIRE, FRIRE, ÉCLORE, BRUIRE et LUIRE sont défectifs aux formes qui dépendent de ce radical.

Tous les radicaux n° 4 de ces verbes sont primitifs, à la seule exception du verbe FAIRE, où l'E muet a été substitué au digramme AI de l'infinitif. C'est une altération qui date peut-être de loin, et qui a été adoptée par l'usage, sous le spécieux prétexte de conformer l'orthographe de ce radical à sa prononciation. Quelques néographes de nos jours ont essayé d'introduire un pareil changement dans le radical n° 2 de ce même verbe, ce qui ne manque pas d'être assez logique de leur part, puisqu'ils n'ont que faire de l'étymologie. Il faut néanmoins espérer que les philologues et les écrivains qui tiennent à honneur de conserver, autant que possible, dans leur intégrité les principes rationnels de la langue, ne cesseront de s'opposer à une pareille innovation, et que ce malheureux verbe, le premier en ordre pour sa riche signification, après les deux verbes auxiliaires, ne sera pas réduit à se voir mutilé de sa racine dans presque toutes ses expressions lexigraphiques.

Des 20 radicaux n° 5 notés dans la table spéciale des verbes de cette terminaison, 6 sont primitifs, 8 modifiés en T, 2 en S, et 4 irréguliers en U (*Voyez l'observation sur le radical* n° 3). Les verbes BRAIRE et RAIRE sont défectifs à leur forme n° 10.

Il est à remarquer que le verbe RIRE et les deux verbes en CLURE présentent la singulière exception d'avoir tous leurs radicaux primitifs. On pourrait dire que, pour la simplicité de leur mécanisme, ce sont les seuls verbes vraiment réguliers dans la langue.

Voyez les Remarques détachées sur les verbes en RE 1.

Verbes en RE 2.

Les verbes de cette terminaison, précédée d'une articulation, se distinguent de tous les autres verbes de la langue par le petit nombre de leurs radicaux primitifs, ou modifiés n°s 1, 2, 3 et 5.

La Table spéciale de ces verbes contient 14 primordiaux et 10 désinences, dont deux homophones différemment orthographiées : ANDRE, ENDRE ; AINDRE, EINDRE.

Nous avons inscrit à la tête de cette Table le verbe ÊTRE, comme verbe type et auxiliaire, et parce que sa lexigraphie est la plus exceptionnelle de tous les verbes.

Quelques professeurs de français, à qui nous avions communiqué l'idée primitive de notre système, nous avaient défié d'y soumettre le verbe ÊTRE : on peut voir que nous y avons réussi, et même sans beaucoup de difficulté.

La grande accolade qui se trouve immédiatement au-dessous du verbe ÊTRE présente dans une seule ligne, et à l'aide de deux seules lettres de modification, la lexigraphie de 20 primordiaux avec leurs 48 dérivés et subdérivés, la deuxième comprend 22 primordiaux et 16 dérivés, et la troisième 4 primordiaux et 13 dérivés.

Nota. Les verbes compris dans la première accolade constituent la 4e conjugaison des grammaires ; tous les autres verbes en RE, sans distinction aucune, y sont considérés comme verbes irréguliers. Dans quelques grammaires, les verbes en RE, ainsi que ceux en IR, se trouvent, à la vérité, répartis dans un certain nombre de *branches ;* mais ces *branches* sont bien loin de présenter une véritable classification analogique.

Les radicaux n° 1 des verbes en RE 2 sont primitifs, ou anomaux comme ceux en IR de la deuxième division, en ce qu'ils ne retiennent pas la prédominante de l'infinitif. (*Voyez, pour les anomalies des inflexions indiquées par les signes* ×, *les Remarques sur ces verbes, au bas du Tableau.*)

Le verbe PRENDRE, matériellement composé de RENDRE compris dans la désinence ENDRE, a une lexigraphie qui lui est particulière, et que suivent ses 10 dérivés et subdérivés : c'est le seul verbe de cette terminaison qui ait le radical n° 2 double ; et ce radical est le seul dans la langue qui soit irrégulier dans ses deux expressions.

Le radical n° 2 de la grande accolade, et ceux des verbes METTRE, SUIVRE et VIVRE, sont primitifs; celui de la deuxième accolade se forme en faisant précéder d'un G la N finale du n° 1, et celui de la troisième (NAÎTRE compris) en ajoutant une double S au radical n° 1. Le verbe COUDRE change dans ce radical la prédominante de l'infinitif en S, le verbe MOUDRE en L, et les verbes ABSOUDRE, DISSOUDRE et RÉSOUDRE y changent la désinence de l'infinitif en OLV. (*Pour l'altération orthographique de la prédominante de* VAINCRE, *aux radicaux* n°s 2 *et* 3, *voyez les Remarques au bas du Tableau.*)

Le radical n° 3 de la grande accolade et celui du verbe SUIVRE sont modifiés en I. Les radicaux des verbes PRENDRE, METTRE et NAÎTRE sont irréguliers en I; ceux de la deuxième accolade et du verbe COUDRE ajoutent un I au radical n° 2. Les verbes des désinences AÎTRE (NAÎTRE excepté) et OÎTRE, VIVRE, MOUDRE et RÉSOUDRE ont ce radical irrégulier en U, qui y reparaît comme radical n° 5. Le verbe ÊTRE, qui a pareillement le radical n° 3 irrégulier en U, fait exception à cette analogie générale, comme nous l'avons dit plus haut.

ABSOUDRE n'a pas toujours été défectif à ce radical : car on disait autrefois *j'absolus*, et, en vérité, nous ne voyons pas ce qui pourrait empêcher de le dire encore.

Les radicaux n° 4 de ces verbes, à l'exception du verbe type ÊTRE, sont tous primitifs : c'est la grande analogie des verbes en RE 1 et en RE 2.

Le radical n° 5 de la grande accolade est modifié en U, et celui du verbe SUIVRE l'est en I. PRENDRE et METTRE ajoutent une S au radical n° 3, et les verbes de la deuxième accolade un T au radical n° 1. ABSOUDRE et DISSOUDRE ont un double radical de genre, et RÉSOUDRE a un double radical de signification. ÊTRE et NAÎTRE sont les seuls verbes de notre seconde conjugaison dont le radical n° 5 se termine en É, comme ceux de la première. Nous ferons remarquer ici, comme une coïncidence assez singulière, que les verbes NAÎTRE, ÊTRE et MOURIR s'écartent tous les trois de l'analogie générale du radical n° 5, et le verbe ÊTRE doublement.

Voyez les Remarques détachées sur les verbes en RE 2.

Un bon système d'enseignement ne peut s'appuyer que sur un seul principe, celui de beaucoup exercer l'intelligence et la mémoire, mais par la réflexion et méthodiquement. Ce principe, qui dans les écoles a le grand avantage d'exciter une émulation d'autant plus appréciable, que ces deux facultés, presque en général, s'y contre-balancent, doit surtout être appliqué, dans l'enseignement des langues, à la lexigraphie, et c'est pour nous y conformer que nous engageons toujours nos élèves à déterminer de mémoire les anomalies de tous les verbes, ce à quoi ils parviennent très-aisément d'après notre méthode. La récapitulation analogique que nous donnons ci-après de toutes ces anomalies est le résultat de ces exercices, et nous pensons qu'elle pourra être de quelque utilité dans l'enseignement, comme CORRIGÉ.

RÉCAPITULATION ANALOGIQUE

DE TOUTES LES ANOMALIES DES VERBES.

1re FORME.

ÊTRE. C'est le seul verbe de la langue entièrement anomal à cette forme.

ALLER et AVOIR, anomaux au singulier; FAIRE et DIRE, à la deuxième personne du pluriel; ALLER, AVOIR et FAIRE, à la troisième.

CUEILLIR, SAILLIR, OFFRIR, SOUFFRIR et OUVRIR, prennent au singulier les inflexions des verbes en ER.

VALOIR, PRÉVALOIR, VOULOIR et POUVOIR prennent pour inflexion un *x*, au lieu de la *s* du paradigme, à la première et à la deuxième personne du singulier; et le verbe POUVOIR a une seconde expression lexigraphique, plus usitée, à la première.

Les verbes dont le radical n° 1 se termine en D, T et C ne prennent pas l'inflexion *t* à la troisième personne du singulier, parce que l'orthographe française n'admet pas le redoublement du *t* à la fin d'un mot, et que cette lettre n'y est précédée d'une autre consonne muette que dans des cas fort rares.

Nota. Dans les remarques sur les verbes en RE 2 au bas du Tableau, il y a une omission faite par l'imprimeur, qui nous a échappé dans la correction des épreuves, et que nous nous empressons de réparer ici. A la deuxième ligne du 2e alinéa, après les mots : LE 1er RADICAL, ajoutez : S'IL EST PRIMITIF.

SAVOIR et VALOIR retiennent le premier radical n° 2, qui est primitif, à la troisième personne du pluriel; il en est de même des verbes VOULOIR et POUVOIR, mais ils changent le digramme du radical OU en EU.

6e FORME.

AVOIR, SAVOIR, POUVOIR, FAIRE et ÊTRE ont le second radical n° 2 particulier à cette forme.

AVOIR est anomal dans l'inflexion de la troisième personne du singulier, et dans les inflexions de la première et de la deuxième personne du pluriel : ÊTRE l'est dans toutes ses inflexions, moins celle de la troisième personne du pluriel. Ces inflexions anomales, pour cette forme, sont celles de la 1re forme dans le Paradigme. Les anomalies de la première et de la deuxième personne du pluriel ne sont pas indiquées dans les remarques, au bas du Tableau; mais il en sera question dans la troisième partie de cet ouvrage.

8e FORME.

La deuxième personne du singulier du verbe ALLER est : VA; ce n'est point une anomalie, c'est au contraire l'application d'un principe général par lequel cette personne rejette dans la lexigraphie absolue de tous les verbes en ER la *s* finale qu'elle a dans la 1re forme; il en est de même des verbes CUEILLIR, SAILLIR, SOUFFRIR et OUVRIR, qui prennent à la 1re forme les inflexions des verbes en ER.

AVOIR et ÊTRE adoptent à cette forme les expressions lexigraphiques de la 6e; SAVOIR y retient le second radical n° 2. AVOIR et SAVOIR prennent pour inflexion de la deuxième personne du singulier un *e* muet.

VOULOIR n'a que la deuxième personne du pluriel, et elle est irrégulière dans son radical.

FAIRE et DIRE ont la deuxième personne du pluriel anomale comme à la 1re forme.

9e FORME.

AVOIR et SAVOIR sont anomaux dans cette forme, en ce qu'ils y prennent le second radical n° 2, au lieu du premier.

Avant de livrer notre Tableau Synoptique à l'impression, nous l'avons assujetti à toutes les expériences imaginables, pour nous assurer si tous les verbes y étaient bien inscrits avec leurs radicaux respectifs, si nous les y avions disposés dans l'ordre le plus convenable, et enfin si toutes les anomalies y étaient explicitement indiquées ; et aussitôt que nous l'avons eu imprimé, nous en avons soumis les premières épreuves à l'examen de plusieurs professeurs de français, qui pour la plupart étaient prévenus contre la possibilité de ce système. On nous a proposé des difficultés de toute espèce, on nous a fait des objections sans nombre, et l'on ne nous a pas même épargné de véritables sophistiqueries ; mais nous avons toujours eu la satisfaction de reconnaître et de prouver que nous avons entièrement réussi dans l'application de notre système ; que notre Tableau est complet dans toutes ses parties, et que toutes les difficultés qui peuvent se présenter dans la lexigraphie des verbes français s'y trouvent définitivement résolues.

Quant aux variations de la forme n° 9 employée comme ADJECTIF VERBAL D'ÉTAT, et à l'invariabilité de la forme n° 10 dans de certains verbes, nous ne les avons pas indiquées, parce qu'elles ne sont évidemment pas du ressort de la lexigraphie absolue. Les premières s'opèrent comme celle de la forme n° 10, et la seconde a lieu dans tous les verbes intransitifs qui, comme le verbe type ÊTRE, prennent dans leurs formes composées le verbe AVOIR pour auxiliaire.

Nota. Nous nous étions proposé de donner à la fin de cette deuxième partie un aperçu étymologique et historique des principaux verbes de la langue, et nous en avions déjà esquissé le cadre avec des matériaux assez nombreux ; mais on nous a fait observer qu'un semblable travail, nécessairement toujours fort hypothétique, se trouverait déplacé dans un ouvrage tel que celui-ci, tout-à-fait élémentaire : nous y avons conséquemment renoncé.

Ayant mentionné dans la première partie de cet ouvrage le classement proposé par M. Lemare de tous les verbes de la langue, en POLYGÈNES, OLIGOGÈNES et MONOGÈNES, nous l'avons exécuté sur notre système, et nous le présentons d'autre part : ce sera le complément de cette deuxième partie.

CLASSEMENT DE TOUS LES VERBES FRANÇAIS

D'APRÈS LA DIVISION ET LA NOMENCLATURE PROPOSÉES PAR M. LEMARE.

VERBES EN ER.

POLYGÈNES.	Tous les verbes de cette terminaison, moins les deux verbes :
MONOGÈNES.	ALLER et ENVOYER.

VERBES EN IR.

POLYGÈNES.	Tous les verbes qui ne se trouvent pas inscrits dans la Table générale des verbes de cette terminaison, et qui se conjuguent tous comme FINIR. (*Voyez les remarques au bas du Tableau.*)						
OLIGOGÈNES.	DORMIR,	MENTIR,	PARTIR,	REPENTIR (se),	SENTIR,	SORTIR,	SERVIR.
	CUEILLIR,	SAILLIR.—	OFFRIR,	SOUFFRIR,	OUVRIR,	COUVRIR.	
	TENIR,	VENIR.—	ACQUÉRIR,	ENQUÉRIR (s'),	CONQUÉRIR,	REQUÉRIR.	
MONOGÈNES.	FUIR.	BOUILLIR.	FAILLIR.	COURIR.	MOURIR.	VÊTIR.	

VERBES EN OIR.

POLYGÈNES.	Il n'en existe point.						
OLIGOGÈNES.	APERCEVOIR,	CONCEVOIR,	DÉCEVOIR,	PERCEVOIR,	RECEVOIR.		
MONOGÈNES.	AVOIR.	FALLOIR.	MOUVOIR.	PLEUVOIR.	SAVOIR.	DEVOIR.	
	VOULOIR.	DÉCHOIR.	POUVOIR.	VOIR.	PRÉVOIR.	VALOIR.	PRÉVALOIR.
	ASSEOIR.	SURSEOIR.				POURVOIR.	SEOIR.

VERBES EN RE 1.

Polygènes.	*Il n'en existe point.*						
Oligogènes.	Plaire,	Taire. —	Braire,	Raire.			
	Circonscrire,	Ecrire,	Inscrire,	Prescrire,	Proscrire,	Souscrire,	Transcrire.
	Rire,	Conclure,	Exclure.				
	Conduire,	Déduire,	Enduire,	Induire,	Introduire,	Produire,	Réduire,
	Séduire,	Traduire,	Construire,	Détruire,	Instruire,	Cuire.	
Monogènes.	Faire.	Traire.					
	Circoncire.	Confire.	Dire.	Maudire.	Frire.	Suffire.	Lire.
	Boire.	Croire.	Eclore.	Nuire.	Luire.	Bruire.	

VERBES EN RE 2.

Polygènes.	Ire Classe.	Épandre.						
		Descendre,	Fendre,	Défendre,	Pendre,	Rendre,	Tendre,	Vendre.
		Fondre,	Pondre,	Répondre,	Correspondre,	Sémondre,	Tondre.	
		Perdre,	Mordre,	Tordre,	Battre,	Rompre,	Vaincre.	
	IIe Classe.	Contraindre,	Craindre,	Plaindre,	Retraindre.			
		Astreindre,	Aveindre,	Ceindre,	Chanfreindre,	Empreindre,	Enfreindre,	Épreindre,
		Etreindre,	Feindre,	Geindre,	Peindre,	Restreindre,	Teindre,	Atteindre,
		Eteindre.						
		Joindre,	Oindre,	Poindre.				
Oligogènes.		Mettre,	Permettre,	Promettre.				
		Connaître,	Paître,	Paraître,	Croître.			
		Absoudre,	Dissoudre.					
Monogènes.		Etre.	Prendre.	Naître.	Suivre.	Vivre.	Coudre.	Moudre.
		Résoudre.						

Dans le CLASSEMENT d'autre part, nous n'avons pas compris les verbes surannés et essentiellement défectifs, qui se trouvent séparés par une ligne, au bas de la 4ᵉ colonne des Tables générales, dans notre Tableau Synoptique. Ces verbes formant une classe entièrement distincte, il suffit de connaître le petit nombre de leurs expressions lexigraphiques qui sont encore du domaine de la langue. (*Voyez les Appendices à la fin des Remarques détachées sur les verbes de chaque terminaison, dans la troisième partie de cet ouvrage.*)

TROISIÈME PARTIE.

REMARQUES DÉTACHÉES SUR LES VERBES.

Verbes en ER.

Il serait bien difficile, pour ne pas dire impossible, de déterminer au juste le nombre des verbes en ER, parce qu'il n'y a peut-être pas de dictionnaire, même parmi les plus récents et les plus complets, où ces verbes se trouvent tous inscrits, et que d'ailleurs leur nombre s'augmente journellement : 1° par la réhabilitation dans la langue de vieux mots tombés en désuétude, et que d'habiles écrivains cherchent à rajeunir ; 2° par l'adoption continuelle de mots tirés d'autres idiômes qui n'avaient pas d'équivalents en français ; 3° par le besoin où l'usage se trouve de sanctionner à tout instant la formation de nouveaux mots, pour exprimer de nouveaux accidents, qui sont les résultats des nouvelles découvertes et des nouveaux perfectionnements dans plusieurs branches de l'intelligence humaine. Nous croyons cependant pouvoir fixer par approximation le nombre de ces verbes à près de 6500, puisque nous en avons déjà enregistré nous-même 6378.

Il est bien à regretter que tous les nombreux mots dont les néologues français ont enrichi dernièrement la langue aient été restreints, à l'égard des verbes, trop exclusivement peut-être, à la seule terminaison en ER ; et il est fort à craindre qu'il n'en soit de même à l'avenir, puisque, des trois sources que nous venons d'indiquer, il n'y a que la première qui puisse ajouter encore quelques mots au nombre, comparativement assez borné, des verbes en d'autres terminaisons, et particulièrement en OIR et en RE.

Tous les verbes en ER se lexigraphient constamment d'une manière uniforme, à l'exception des deux verbes ALLER et ENVOYER, dont le premier est anomal aux formes n°s 1, 4, 5, 6, et 8, et le second seulement aux formes n°s 4 et 5 (*Voyez notre Tableau Synoptique*). Il y a néanmoins quelques uns de ces verbes qui, en conséquence d'une modification particulière que subit à leur infinitif la terminaison commune ER, par la nature des lettres qui la précèdent et que nous avons nommées PRÉDOMINANTES, sont assujettis à de certaines règles d'orthographe que nous allons indiquer d'une manière précise, pour ne laisser aucun doute dans cette partie si essentielle de l'enseignement grammatical.

Le nombre des modifications dans les infinitifs des verbes en ER est de 40 ; nous en donnons ici le dénombrement :

SPÉCIFICATION DES VERBES EN **ER** PAR ORDRE D'ANALOGIE.

	60	ber	*	54	ouer
*	132	cer		122	per
	207	cher		7	pher
	320	der		28	pper
*	27	écr		196	quer
	2	éher		508	rer
	1	euer		1	rher
	13	fer		51	rrer
	28	ffer		538	ser doux
*	234	ger		46	ser dur
	76	guer		222	sser
*	325	ier	*{	141	eter
	1	jer		657	ter
*{	134	eler	*{	33	etter
	411	ler		79	tter
*{	34	eller	*	85	uer
	39	ller		112	ver
	274	ller mouillé	*{	41	ayer
	177	mer		12	eyer
	19	mmer		80	oyer
	3	mner		5	uyer
	84	gner		14	xer
	420	ner		6	zer
	319	nner		3038	
	3340			3340	
				6378	

A la gauche de chacune de ces modifications, nous avons indiqué le nombre des verbes qui s'y rapportent, et nous avons noté d'un astérisque celles qui sont spécialement l'objet de ces REMARQUES.

Nota. Nous avons marqué distinctement les modifications en LER et LLER, TER et TTER, précédées d'une E muet, ainsi que la modification YER précédée des voyelles A, E, O et U, parce que ces modifications accidentelles sont le sujet d'observations particulières dans nos remarques.

1°. Dans la conjugaison des verbes en CER, comme AVANCER, la prédominante C doit toujours retenir la valeur orthoépique S qu'elle représente à l'infinitif, et, à cette fin, on doit la cédiller devant les *o* et les *a* des inflexions : *j'avance, tu avances, il avance, nous avançons, vous avancez, ils avancent ; j'avançais ; j'avançai ; que j'avançasse : en avançant.*

2°. Les verbes en ÉER, tels qu'AGRÉER, retiennent constamment la prédominante É, même devant les *e* muets ; on les écrira donc : *j'agrée, tu agrées, il agrée, nous agréons, vous agréez, ils agréent ; j'agréerai ; j'agréerais*, etc.

Les poètes se permettent quelquefois, pour la commodité de la mesure, de supprimer l'E muet aux formes n°s 4 et 5 ; *j'agrérai ; j'agrérais*, etc.

Votre cœur d'Ardaric *agrérait*-il la flamme? CORNEILLE.

Une telle suppression serait cependant une véritable faute en prose.

La forme n° 10 de ces verbes doit de toute nécessité être orthographiée avec deux *é*, dans ses quatre variations ; *agréé, agréée, agréés, agréées.*

3°. Dans la conjugaison des verbes en GER, comme MANGER, la prédominante G doit toujours représenter le son accidentel J, qu'elle a devant l'E de la terminaison ; et à cet effet, il faut qu'elle soit édillée devant les *o* et les *a* des inflexions ; c'est-à-dire, dans les mêmes formes et personnes où le C des verbes en CER prend une cédille : *je mange, tu manges, il mange, nous mangeons, vous mangez, ils mangent ; je mangeais ; je mangeai ; que je mangeasse ; en mangeant.*

4°. Les verbes en IER, tels que PRIER, conservent nécessairement la prédominante I, même devant les inflexions qui commencent par cette lettre ; par conséquent on les écrira avec deux *i*, à la première et à la deuxième personne du pluriel des formes n°s 2 et 6 ; *nous priions, vous priiez.*

5°. Tous les verbes dont la prédominante est précédée d'un E muet ou d'un E fermé, comme PESER et CÉDER, changent ces E en E ouvert, devant l'*e* muet des inflexions, ainsi qu'aux formes n°s 4 et 5, où l'E de la terminaison devient pareillement muet ; et cela en conséquence d'un principe général de la prosodie française, lequel exige que si une syllabe finissant en E muet est précédée d'un E, celui-ci soit toujours ouvert, afin qu'il puisse servir d'appui à la voix, pour le son de l'*e* muet de la syllabe suivante ; on orthographiera donc ces verbes : *je pèse*, *tu pèses*, *il pèse*, *nous pesons*, *vous pesez*, *ils pèsent ; je pesais ; je pesai ; je pèserai ; je pèserais*, etc. ; *je cède*, *tu cèdes*, *il cède*, *nous cédons*, *vous cédez*, *ils cèdent ; je cédais ; je cédai ; je cèderai ; je cèderais*, etc.

Tous les grammairiens s'accordent à enseigner que dans plusieurs verbes de cette catégorie, en ELER ou ETER, tels qu'APPELER et BREVETER, on doit doubler la prédominante L ou T, devant les *e* muets, et les orthographier ainsi ; *j'appelle*, *tu appelles*, *il appelle*, *nous appelons*, *vous appelez*, *ils appellent ; j'appellerai ; j'appellerais*, etc. ; *je brevette*, *tu brevettes*, *il brevette*, *nous brevetons*, *vous brevetez*, *ils brevettent ; je brevetterai ; je brevetterais*, etc. ; mais aucun d'eux n'a songé à donner une liste de ces verbes, ni à théoriser le principe d'une telle règle.

Des orthographistes modernes, se fondant sur la théorie de Dumarsais, lequel a proposé la suppression de toutes les doubles consonnes qui ne se prononcent pas, et dont le redoublement n'est point justifié par l'analogie, voudraient que l'on suivît, sans distinction, même dans les verbes de ces deux désinences, la règle que nous avons rapportée plus haut ; et ils donnent, eux-mêmes, l'exemple d'écrire : *j'appèle ; j'appèlerai ; je brevète ; je brevèterai*, etc. Il nous semble qu'une telle réforme orthographique mérite d'être adoptée, puisque, en éliminant de ces verbes une anomalie qui est, pour le moins, superflue, elle offre l'avantage d'y retenir constamment invariable la modification de l'infinitif ; tandis qu'en suivant l'orthographe habituelle, on doit écrire : *j'appelle* et *je brevette* de même que l'on écrit : *j'interpelle* et *j'endette*, quoique dans les deux premiers verbes la prédominante soit simple à l'infinitif, et double dans les derniers.

6°. Dans la conjugaison des verbes en AYER, EYER, OYER et UYER, comme BALAYER, GRASSEYER, EMPLOYER et ENNUYER, on change la prédominante Y en I simple, devant les *e* muets ; *j'emploie*, *tu emploies*, *il emploie*, *nous employons*, *vous employez*, *ils emploient ; j'employais ; j'employai ; j'emploierai ; j'emploierais*, etc. Cette même règle s'étend pareillement aux verbes en IR, OIR et RE, dont le participe présent est en YANT.

Tel est le précepte consigné dans toutes les grammaires, et tel est l'usage généralement suivi.

La Société Grammaticale de Paris, dans une de ses séances du mois d'août 1834, après beaucoup de discussions, a établi une légère exception à cette règle générale, et, en adoptant à l'unanimité l'opinion de M. Dessiaux, instituteur à Issoudun, a décidé ainsi qu'il suit :

« Dans les verbes de la 1re conjugaison en AYER, OYER et UYER, » l'Y doit se changer en I simple, devant l'*e* muet. Il en est de même » dans les verbes des autres conjugaisons dont le participe présent est » en AYANT, OYANT et UYANT, comme : *extrayant*, *voyant*, *croyant*, » *fuyant*.

» Les verbes de la 1re conjugaison en EYER, et tout autre verbe » qui, n'étant pas de la 1re conjugaison, a le participe présent en EYANT, » conservent l'Y devant l'*e* muet.

» Quant à *je paye; je payerai*, ils ne doivent être employés que » comme licence poétique. »

Nous n'hésitons pas à dire que la Société Grammaticale a posé des limites trop restreintes dans son exception, et qu'elle aurait pu y comprendre également tous les verbes qui ont le participe présent en AYANT; puisqu'il est de toute évidence, qu'en comparant les mots qui suivent, on ne prononcera pas ceux qui sont à gauche, tous provenant de verbes de l'espèce indiquée, absolument de même que ceux qui leur sont opposés à droite.

IL ABAYE	LES ABAITS	IL ÉTAYE	LES ÉTAIS
QUE TU AYES	LES AIS	IL FRAYE	LES FRAIS
IL BALAYE	LES BALAIS	IL LAYE	LES LAIS
IL BAYE	LES BAIS	IL PAYE	IL PAÎT
IL BRAYE	LES BRAIS	IL RAYE	LES RAIS
IL DÉPLAYE	IL DÉPLAÎT	Q. IL TRAYE	LES TRAITS
IL ESSAYE	LES ESSAIS	Q. IL EXTRAYE	LES EXTRAITS

On sera cependant forcé de reconnaître comme parfaitement homophones, malgré la différence de leur orthographe, les mots que nous ajoutons, et dont ceux qui sont à gauche proviennent de verbes qui ont le participe présent en OYANT ou UYANT.

IL ALOIE	LES ALOIS	IL EMPLOIE	LES EMPLOIS
IL CHARROIE	LES CHARROIS	IL ENVOIE	LES ENVOIS
IL CHOIE	LES CHOIX	Q. IL VOIE	LES VOIX
IL CONVOIE	LES CONVOIS	IL APPUIE	LES APPUIS
IL CORROIE	LES CORROIS	IL ENNUIE	LES ENNUIS
IL COURROIE	LES COURROIS	IL ESSUIE	LES ESSUIS
IL DÉVOIE	LES DÉVOIS	Q. IL BRUIE	LES BRUITS

Il nous semble que la raison d'une telle différence est très-simple. Dans les mots des verbes qui ont le participe présent en AYANT, le premier des deux I dont l'Y se compose, ne faisant que digramme avec l'A qui le précède, produit un son simple, et le second, restant tout entier, influe nécessairement sur le son de l'*e* muet qui suit; tandis que dans les verbes qui ont le participe présent en OYANT ou UYANT, le premier I de l'Y, formant diphthongue avec la voyelle précédente, produit un son composé, qui ne laisse aucune valeur au second.

M. Vanier, qui, sous quelques rapports, nous paraît partager notre opinion, a dit, dans la séance précitée : « *Le meilleur guide en » cette circonstance c'est l'oreille, et voilà, sans doute, pourquoi il » y a encore tant d'opinions différentes sur la question qui nous oc- » cupe. C'est que la plupart ne jugent que par leurs yeux.* »

M. Vanier a parfaitement raison, s'il n'entend parler que du petit nombre de ses co-nationaux qui prononcent correctement; mais quel sera le guide à suivre pour ceux qui, loin de la capitale, désirent se corriger des fautes de prononciation particulières à leurs provinces, et surtout pour les étrangers qui, le plus souvent, ne peuvent juger que par leurs yeux ?

Quant à nous, s'il pouvait nous être permis d'émettre une opinion sur cette double difficulté d'orthoépie et d'orthographe, dans une langue qui nous est, à la vérité, étrangère, mais que nous avons passionnément cultivée, voici le principe unique que nous aimerions à voir sanctionné :

« L'Y ne se change en I simple devant l'*e* muet que lorsqu'il » forme lui-même diphthongue avec la voyelle qui le précède, » et que la syllabe est longue; il reste invariable lorsqu'il ne

» fait que digramme, et que la syllabe est brève; on écrira
» donc :

JE PAYE	JE PAYERAI	PAYEMENT	Q. J'EXTRAYE
JE GRASSEYE	JE GRASSEYERAI	GRASSEYEMENT	Q. JE GRASSEYE
J'ATERMOIE	J'ATERMOIERAI	ATERMOIEMENT	Q. JE VOIE
J'ESSUIE	J'ESSUIERAI	*Essuiement*	Q. JE FUIE

Nous pourrions citer bien des écrivains et des lexicographes qui, entraînés par la force de l'analogie, suivent en pratique le principe que nous venons de hasarder, sans l'avoir peut-être jamais reconnu en théorie.

Nota. Le hasard vient de nous fournir un argument de plus à l'appui de notre théorie. Un de nos élèves, en lisant l'*Emile* de Rousseau, y a rencontré cette phrase, qu'il n'avait pas pu comprendre : *La richesse et le crédit s'étaient mutuellement : l'un se soutient mal sans l'autre. Liv. V.* Nous avouons que, pour lui en expliquer le sens, nous avons été obligé, nous-même, de relire ce qui la précède. L'impropriété de l'orthographe actuelle serait encore plus frappante dans la phrase : *ils s'étaient l'un l'autre.* Or si ces mots : *il était*, *ils étaient*, troisièmes personnes de la 2e forme du verbe ÊTRE, et *il étaye*, *ils étayent*, troisièmes personnes de la 1re forme du verbe ÉTAYER, se prononcent différemment, ce que personne ne nous pourra contester, pourquoi les orthographier de même ? On nous objectera qu'il y a d'autres mots dans la langue qui présentent ce même inconvénient ; tant pis ; mais est-ce là une raison pour ne pas en diminuer le nombre, dès qu'il y en a la possibilité ?

Il est bien entendu que dans la lexigraphie des verbes en YER, on ne doit point omettre l'*i* de l'inflexion de la première et de la deuxième personne du pluriel des formes nos 2 et 6, que l'on écrira : *nous employions*, *vous employiez ;* mais nous avons cru nécessaire de faire cette remarque, parce que les étrangers, et bien des Français, sont très-sujets à négliger cette lettre dans tous les verbes qui ont le radical n° 2 en I ou Y. (*Voyez la Remarque* n° 4.)

7°. Dans la conjugaison des verbes qui ont pour prédominante le digramme OU, ou la lettre U, tels que JOUER et TUER, il faut mettre un tréma sur l'*i* des inflexions de la première et de la deuxième personne du pluriel des formes nos 2 et 6, pour indiquer que cette lettre doit y être prononcée distinctement de sa prédominante, et non conjointement avec elle, comme dans les mots *oui* et *je suis* : *nous jouions, vous jouiez; nous tuions, vous tuiez.* Il en est de même dans les deux verbes en URE, CONCLURE et EXCLURE. (*Voyez nos Remarques sur les verbes en* RE, *précédé d'une vocalisation, dans la troisième partie de cet ouvrage.*)

Dans le verbe ARGUËR (*terme de palais*), la prédominante U, devant être prononcée séparément de l'E, comme dans le mot CIGUË, il en résulte qu'il faut toujours placer un tréma sur la voyelle qui suit immédiatement, dans toutes les inflexions : *j'arguë, tu arguës, il arguë, nous arguöns, vous arguëz, ils arguënt; j'arguäis*, etc.; et sur l'A final du radical n° 3, même devant les inflexions de la première et de la deuxième personne du pluriel de la forme n° 3, et de la troisième personne du singulier de la forme n° 7, avec exclusion de l'accent circonflexe, qui est le signe particulier de ces inflexions : *nous arguämes, vous arguätes; qu'il arguät.* (*On verra qu'il en est de même aux verbes* HAÏR et OUÏR.) C'est une déviation des règles générales de l'orthographe, qu'il a bien fallu admettre en faveur de la justesse de la prononciation. Il y aurait cependant un moyen bien simple d'obvier à cet inconvénient; ce serait de trémer la première des deux voyelles au lieu de trémer la seconde, comme le fait l'usage actuel, que nous n'hésitons pas à déclarer erroné, car nous défions que l'on puisse jamais orthographier, en s'y conformant, la troisième personne du pluriel de la 3e forme, le participe passé de ce verbe.

La plupart des Dictionnaires ne marquent pas de tréma sur l'E de l'infinitif du verbe ARGUËR; c'est une faute d'autant plus grave, qu'il y a un autre verbe ARGUER (*terme de tireur d'or*) (*passer un métal par les filières de l'argue*), où la syllabe GUER est prononcée comme dans le verbe TARGUER, et tous les autres verbes de cette même modification.

Nota. Dans le Dictionnaire Grammatical de J. B. Bettinger, revu, amélioré et mis en ordre par J. Raymond, et publié en 1834, il est dit que le singulier de la 1re forme du verbe PUER, est : *je pus, tu pus, il put* : cette viande *put*; cet homme *put* le vin. C'est une erreur mise en avant par quelques vieux grammairiens, que l'on doit s'étonner de voir reproduite de nos jours dans un ouvrage que ses éditeurs n'ont pas craint d'intituler : LE CODE DE LA LANGUE FRANÇAISE.

8°. Il nous reste à ajouter que les poètes se permettent quelquefois, pour la commodité de la mesure, de supprimer l'E muet, aux formes n°s 4 et 5, dans les verbes en IER, OUER et UER, ainsi que dans les verbes en YER, dont la prédominante Y se change en I simple dans ces mêmes formes; et qu'ils indiquent cette suppression par un accent circonflexe, qu'ils placent sur la voyelle qui précède immédiatement l'E muet, ainsi qu'il suit : *je prîrai; j'avoûrai; je tûrai; je paîrai; j'emploîrai;* au lieu de : *je prierai; j'avouerai; je tuerai; je paierai; j'emploierai*, etc. (*Voyez la Remarque* n° 6.)

Nous avons fait observer, à la Remarque n° 2, que la suppression de l'E muet aux formes n°s 4 et 5, se rencontre également dans les verbes en ÉER; elle n'y est indiquée par aucun signe, et n'y est permise qu'en poésie; dans les verbes des modifications ci-dessus, elle est reçue et assez usitée, même en prose.

En faisant bien attention aux règles que nous venons d'exposer, il sera très-facile de ne jamais commettre de fautes dans l'orthographe des verbes en ER, quelle que soit leur modification à l'infinitif : nous avons tâché de rédiger ces règles aussi méthodiquement et aussi clairement qu'il nous a été possible, et une longue expérience dans l'enseignement nous a procuré la douce satisfaction de reconnaître que nous n'avons pas entièrement manqué le but que nous nous étions proposé.

APPENDICE.

Parmi les nombreux verbes en ER, il y en a plusieurs d'un usage peu fréquent, et d'autres qui ne sont usités que dans certaines formes ou personnes; nous n'avons pas cru indispensable d'en donner une énumération spéciale; nous ferons d'ailleurs observer que la défectivité de certains verbes est, le plus souvent, la conséquence naturelle de leur signification même, qui ne saurait être exprimée dans quelques unes de leurs formes ou personnes.

Verbes en IR.

Les verbes en IR sont les plus nombreux après les verbes en ER; nous n'en avons cependant compté que 603, dont plusieurs peu ou point usités, et quelques uns nouvellement réintégrés ou introduits dans la langue : en voici le dénombrement spécifié par ordre d'analogie.

SPÉCIFICATION DES VERBES EN IR PAR ORDRE D'ANALOGIE.

3	aïr	8	nnir
6	bir	15	ouir
20	chir	2	ouïr
23	cir	18	pir
65	dir	2	quir
2	éir	92	rir
1	euir	9	rrir
1	ffir	9	sir doux
18	gir	2	sir dur
3	guir	12	ssir
6	hir	94	tir
40	lir	5	ttir
11	llir	9	uir
20	llir mouillé	16	vir
16	mir	1	zir
74	nir	294	
309		309	
		603	

Verbes de la 1re Division de la table générale.

Tous les verbes en IR qui ne se trouvent pas dans notre Tableau Synoptique se conjuguent, sans distinction, comme le verbe FINIR, le seul inscrit dans la 1re Division de la Table générale; ils sont au nombre de 421. Parmi ces verbes il faut remarquer ceux qui suivent :

BÉNIR, dont le radical n° 5 s'orthographie de deux manières; BÉNI et BÉNIT. Ni les auteurs ni les grammairiens ne sont d'accord sur l'application particulière de ce double radical : nous croyons, pour notre part, que BÉNIT doit s'employer uniquement dans le sens liturgique, et BÉNI dans toutes les autres acceptions de ce verbe :

Du pain bénit; *de l'eau* bénite; *des cierges* bénits; *des palmes* bénites.

Faites du bien aux hommes et vous en serez béni. *L'ange dit à la Sainte-Vierge : vous êtes* bénie *entre toutes les femmes. Ceux qui assistent les pauvres sont* bénis *de Dieu.*

Des armes qui ont été bénites *par l'église ne sont pas toujours* bénies *du ciel sur le champ de bataille.*

FLEURIR. Ce verbe prend au figuré, pour radical n° 2, FLORISS de l'ancien verbe FLORIR : *Les arts* florissaient *à Rome, sous le pontificat de Léon X. Un empire* florissant. *Une ville* florissante.

HAÏR. Le radical n° 1 de ce verbe est *hai*, sans tréma sur l'*i*, et se prononce *hè;* dans le reste de sa lexigraphie ce verbe retient le tréma sur l'I, même à la première et à la deuxième personne du pluriel de la forme n° 3, et à la troisième personne du singulier de la forme n° 7, en y déplaçant l'accent circonflexe. (*Voyez la Remarque* n° 7, *sur les verbes en* ER.)

Et je souhaiterais, dans ma juste colère,
Que chacun le *haït*, comme le *hait* son père. CORNEILLE.

SURGIR. Nous croyons devoir faire remarquer que ce verbe, noté dans presque tous les dictionnaires uniquement dans le sens d'*aborder, surgir au port*, est de nos jours employé, par les meilleurs écrivains, dans sa véritable signification étymologique de *s'élever*, ou, pour mieux dire, dans celle de l'ancien verbe SOURDRE, au figuré : ce mot est expressif, et fait image.

Verbes de la 2e Division.

Tous ces verbes se lexigraphient comme SENTIR, le deuxième inscrit dans la Table spéciale ; il faut néanmoins observer que quelques uns d'entr'eux ont une double signification, dans laquelle ils se conjuguent, aux formes qui dépendent des radicaux nos 1 et 2, comme FINIR ; ce sont les verbes :

PARTIR, pour *Diviser, Partager ;* mais dans cette signification active ce verbe n'est guère d'usage qu'à l'infinitif, et dans la locution : *avoir maille à* partir *avec quelqu'un ;* c'est-à-dire : *avoir un différend avec lui :* à la forme n° 10, c'est un terme de blason, et il signifie *divisé de haut en bas en parties égales*, ainsi que son dérivé MI-PARTIR.

DÉPARTIR, dans l'acception d'*Accorder ; donner en partage.*

RÉPARTIR est un verbe primordial signifiant *Diviser, Partager*, dont la prépositive est accentuée, et qui conséquemment ne peut être confondu avec

Repartir, itératif de Partir. Répartir, dans le sens de Riposter, suit la lexigraphie de Sentir.

Sortir et Ressortir; le premier dans les significations d'*Obtenir* et de *Produire;* et le second dans celle d'*être du ressort, de la juridiction;* ce sont l'un et l'autre des termes de palais.

Nota. Assortir et Réassortir, ainsi qu'Asservir et Réasservir, quoique composés de Sortir et de Servir, se conjuguent comme Finir, et ne se trouvent conséquemment pas inscrits parmi les verbes de cette division.

Verbes de la 3e Division.

Fuir. L'y final du radical n° 2 se change en i devant les inflexions en *e* muet. (*Voyez la 6e Remarque sur les verbes en* ER.)

Bouillir. Ce verbe est intransitif et extrapersonnel : dans la signification active il faut naturellement dire : *faire bouillir;* cependant la 10e forme en est usitée même adjectivement : *du bœuf* bouilli; *de la viande* bouillie; *des pieds de cochon* bouillis; *des châtaignes* bouillies; et *je* bous *de colère, il* bouillait *d'impatience*, sont des expressions personnelles de ce verbe, fort reçues au figuré.

Faillir. Quelques grammairiens n'admettent pas le radical n° 2 de ce verbe; d'autres au contraire lui assignent un radical n° 1, fau, tel qu'au verbe Falloir, avec l'inflexion *x* au lieu de la *s*, et lui donnent aussi un second radical n° 4; faudr, pareillement du verbe Falloir. La lexigraphie que nous avons indiquée est la seule sanctionnée par l'usage actuel des meilleurs écrivains. Conjuguez de même le verbe Défaillir. *Je puis préparer ma constance aux autres malheurs; mais toutes mes forces* défaillent *au seul soupçon de celui-là.* (J. J. Rousseau.)

Cueillir. Ce verbe prend au radical n° 1 les inflexions des verbes en ER : *je cueille, tu cueilles, il cueille; cueille;* et il change au radical n° 4 sa terminaison IR en ER : *je cueillerai; je cueillerais;* il en est de même de ses composés.

Saillir, dans la signification de *projeter d'un mur* (terme d'architecture), ne s'emploie qu'extrapersonnellement, et se lexigraphie comme Cueillir dans toutes ses formes. *Ce balcon* saille *trop; il* saillerait, etc. Ce même verbe cependant dans le sens de Jaillir se conjugue comme FINIR : *Son sang* saillissait *avec impétuosité.* Quant aux deux verbes dérivés ASSAILLIR et TRESSAILLIR, qu'on lexigraphiera comme CUEILLIR, les grammairiens ne sont pas d'accord à l'égard du radical n° 4 : les uns leur en donnent deux, l'un primitif et l'autre anomal, tel que nous l'avons indiqué ; d'autres n'admettent que le primitif, et d'autres enfin que l'anomal. L'autorité des meilleurs écrivains ainsi que l'analogie sont incontestablement en faveur du dernier. Autrefois on disait au singulier de la 1re forme : *j'assaus, tu assaus, il assaut*, et aux formes nos 4 et 5 *j'assaudrai ; j'assaudrais ;* on disait aussi *il tressaut* pour il *tressaille.* Toutes ces expressions ont vieilli, et ne se retrouvent que dans les ouvrages de quelques auteurs romantiques, qui affectent d'écrire dans le style de Rabelais.

OFFRIR, SOUFFRIR, OUVRIR et COUVRIR, ainsi que leurs composés, prennent également au radical n° 1 les inflexions des verbes en ER : *j'offre, tu offres*, etc.

—| ENIR. Quelques grammairiens voudraient qu'on écrivît le second radical n° 2 de cette désinence avec une seule N, en mettant un accent grave sur l'E : *ils tiènent ;* que *je tiène ;* etc. (*Voyez la* 5e *Remarque sur les verbes en* ER.)

—| QUÉRIR. L'E du second radical n° 2 des verbes de cette désinence est ouvert. (*Voyez la même Remarque que ci-dessus.*)

VÊTIR. D'après les principes que nous avons établis dans nos *Observations analogiques sur les inflexions*, la troisième personne du singulier de la 1re forme de ce verbe ne prend point l'inflexion *t.* Il est à observer que ce verbe est peu usité aux formes qui dépendent des radicaux nos 1 et 2, à moins que ce ne soit pronominalement : *je me vêts, tu te vêts, il se vêt*, etc.

On trouve dans des auteurs de premier ordre une foule d'exemples de ce verbe lexigraphié comme FINIR, dans les formes indiquées.

Dieu leur a refusé le cocotier qui ombrage, loge, vêtit, *nourrit et abreuve les enfants de Brahma.* (VOLTAIRE.)

Le poil de chameau, qui se renouvelle tous les ans par une mue complète, sert aux Arabes à faire des étoffes dont ils se vêtissent *et se meublent.* (BUFFON.)

De leurs molles toisons les brebis se vêtissent. (DELILLE.)
Comme un fils de Morven me vêtissant *d'orages.* (LAMARTINE.)

Ce serait pousser le rigorisme au-delà de ses bornes que de ne pas admettre, après d'aussi imposantes autorités, ces expressions bien plus agréables à l'oreille que celles si sourdes de *vêt*, *vêtent*, *vêtant*, seules admises jusqu'à ce jour par les grammairiens dans la lexigraphie de ce verbe. Nous croyons cependant que dans les composés de ce verbe, l'emploi du radical n° 2 primitif est préférable : *il revêt*, *en revêtant.*

Les exemples que nous avons cités à l'appui de cette observation sont tirés des *Eléments de la Grammaire française*, par M. Edouard Braconnier.

APPENDICE.

FÉRIR. Ce verbe n'est plus guère d'usage qu'à l'infinitf. Dans la locution : *sans coup* férir, *féru*, à la forme n° 10, ne peut être permis que dans le style badin : *il est* féru *de cette femme.* On trouve dans de vieux écrivains *il fiert*, pour la troisième personne du singulier de la 1re forme ; et le substantif *Fier-à-bras* pourrait bien en dériver.

M. Quitard donne une tout autre étymologie de cette locution, qui peut-être est encore plus juste ; nous ne la rapportons pas, parce qu'elle sort du cadre de la lexigraphie des verbes ; mais nous exprimons le vœu que ce grammairien aussi savant que spirituel se décide à publier réunies dans un ou plusieurs volumes toutes les explications qu'il a données d'une foule de locutions proverbiales, et qu'il a insoucieusement éparpillées dans plusieurs recueils périodiques. C'est un ouvrage qui manque, et nous croyons que personne ne pourrait mieux que M. Quitard remplir ce vide, puisqu'il s'est plus spécialement occupé qu'aucun autre de cette partie si caractéristique et si précieuse du langage. Tous les littérateurs français qui aiment à se rendre compte de ces locutions, dont il leur arrive si souvent de faire usage, s'empresseraient, nous en avons la certitude, de favoriser une telle publication, et les étrangers ne manqueraient pas d'en assurer le succès.

FLORIR. Voyez FLEURIR.

GÉSIR ou GIR. Ce verbe n'est plus usité, si nous en croyons les grammairiens, qu'aux formes et personnes suivantes : 1. *Il gît, nous gisons, vous gisez, ils gisent ;* 2. *il gisait ;* 3. *gisant ;* mais nous ne voyons pas de raison pour qu'on ne puisse pas en employer les deux premières formes en entier : si l'on peut dire : *il gît*, *il gisait sur la paille*, pourquoi ne pourrait-on pas dire tout aussi bien : *je gis*, *tu gis*; *je gisais*, etc.? *Gît* est le mot le plus en usage de ce verbe, car on le rencontre assez communément en tête des inscriptions tumulaires : *Ci-gît*; mais cette expression est aussi reçue au figuré, surtout en poésie.

OUÏR. Ce verbe était autrefois employé dans toutes ses formes : *j'ois*; *j'oyais*; *j'ouïrai*, etc.

» *Il ne faut jamais dire aux gens :*
» *Écoutez un bon mot*, oyez *une merveille.* » (LA FONTAINE.)

Maintenant on ne se sert plus que des formes n°ˢ 3 et 7 de ce verbe : *j'ouïs*; *q. j'ouïsse*, avec le tréma invariablement sur l'*i*. (*Voyez la Remarque* n° 7 *sur les verbes en* ER.)

Le verbe OUÏR a une signification moins étendue que le verbe ENTENDRE ; il ne se dit proprement que d'un son passager, que l'on entend par hasard et indistinctement : cependant l'usage a consacré les locutions suivantes : *ouïr la messe*; *Seigneur, daignez ouïr nos prières*; et, au palais : *ouïr des témoins*.

QUÉRIR, dont nous avons inscrit tous les dérivés dans la 3ᵉ division de la Table générale des verbes en IR, n'est plus usité qu'à l'infinitif, avec les verbes de mouvement, ALLER, VENIR, ENVOYER, etc. *Allez me* quérir *un tel*; *je l'ai envoyé* quérir; *il m'est venu* quérir. Et encore ne se sert-on de ces expressions que dans le style judiciaire ou dans le style familier.

Nota. De nouvelles recherches auxquelles nous nous sommes appliqué, après l'impression de notre Tableau Synoptique, nous ont fait retrouver plusieurs verbes en IR, qui nous avaient échappé lors de notre premier travail, et entre autres : DISSENTIR ; MESSERVIR et PARSERVIR, qui appartiennent à la 2ᵉ division de la Table générale, et MÉSAVENIR ; S'ENTRE-SOUVENIR ; RÉACQUÉRIR ; SURQUÉRIR ; RACCOURIR, qui pourraient trouver place dans la 3ᵉ ; tous ces verbes cependant, à l'exception des deux itératifs, sont d'un usage fort rare.

Pour donner une preuve de l'exactitude scrupuleuse avec laquelle nous avons procédé dans cet ouvrage, nous ajoutons une seconde récapitulation de tous les verbes en IR, classifiés d'après notre système.

1ʳᵉ Division, 421 ; 2ᵉ, 24 ; 3ᵉ, 83 ; 4ᵉ, 7 ; peu ou point usités, 68. Total 603.

Verbes en OIR.

Les verbes de cette terminaison sont les moins nombreux des verbes français; il n'y en a que 55, et quelques uns sont peu usités, d'autres même ne le sont point du tout. Nous en avons enregistré 47 dans la Table générale de notre Tableau Synoptique, et nous en ajoutons 8 dans la note qui est à la suite de ces Remarques.

AVOIR. La 1re forme de ce verbe est anomale au singulier et à la troisième personne du pluriel : *j'ai, tu as, il a, ils ont.*

Le second radical n° 2 est pour les formes n°s 6 et 8, et 9. Nous l'avons noté AI, parce que les premières inflexions qui s'y appliquent sont en *e* muet; mais il est bien entendu que d'après les principes généraux de l'orthographe, il doit se changer en AY devant les autres inflexions. (*Voyez cependant notre* 6e *Remarque sur les verbes en* ER.)

La troisième personne du singulier des formes n°s 6 et 8 prend un *t* pour inflexion au lieu de l'*e* usuel; et à la première et à la deuxième personne du pluriel de la forme n° 6 on omet l'*i* des inflexions : *que nous ayons*, *que vous ayez*, et non : *que nous ayions*, *que vous ayiez;* nous verrons qu'il en est de même au verbe ÊTRE. Ce sont les seules exceptions dans la lexigraphie des verbes français à cette forme, et elles ne se fondent sur aucun principe reconnu.

La deuxième personne du singulier de la 8e forme prend pour inflexion un *e* muet, comme les verbes en ER : *aie.* (*Voyez la Récapitulation analogique des anomalies, dans la* 2e *partie.*)

L'itératif de ce verbe, RAVOIR, n'est usité qu'à l'infinitif.

FALLOIR. Verbe extrapersonnel, défectif à la forme n° 9.

PLEUVOIR. Verbe également extrapersonnel; mais on le trouve quelquefois employé personnellement : *les Normands* pleuvent *à Paris; nous* pleuvrons *chez vous.* Lemare.

SAVOIR. Le second radical n° 2 de ce verbe : SACH, est pour les formes n°s 6, 8 et 9.

La deuxième personne du singulier de la 8e forme prend un *e* muet pour inflexion, comme les verbes en ER. (*Voyez la Récapitulation analogique des anomalies dans la* 2e *partie.*)

Je ne sache, pour *je ne connais*, au commencement d'une phrase, et *que je sache*, comme incise, ou à la fin d'une période, ainsi que la forme n° 5, dans un sens atténué de la 1re forme de POUVOIR, sont des locutions particulières de ce verbe, dont l'emploi est enseigné par la syntaxe. Nous nous bornons à les indiquer; en voici des exemples : *je ne* sache *rien de plus attrayant que l'étude de la nature. — La partie la plus difficile de la langue française, c'est sa lexigraphie; cependant aucun grammairien*, que je sache, *ne s'en est encore sérieusement occupé. — Il n'est point allé à la campagne*, que je sache. — *Je ne* saurais *dire la moindre chose sans qu'on ne me fasse des observations. — Ce qu'on ne* saurait *faire est difficile; ce qu'on ne* peut *faire est impossible.* GIRARD. — *Nous ne* saurions *faire un pas sans qu'on ne nous suive.*

VALOIR. Ce verbe prend un *x* pour inflexion à la première et à la deuxième personne du singulier de la 1re forme, et de même à la deuxième personne du singulier de la forme n° 8: *je vaux; tu vaux; vaux.*

Le second radical n° 2 n'est point applicable à la troisième personne du pluriel de la 1re forme; elle est régulière.

PRÉVALOIR. Quoique ce verbe soit un dérivé de VALOIR, il en diffère dans sa lexigraphie, en ce qu'il n'a pas de double radical n° 2.

VOULOIR. Ce verbe prend également un *x* pour inflexion à la première et à la deuxième personne du singulier de la 1re forme : *je veux, tu veux*, et à la troisième personne du pluriel de cette même forme, il change le digramme OU en EU, comme au singulier : *ils veulent.* Le second radical n° 2, VEUILL, est pour le singulier et la troisième personne du pluriel de la forme n° 6. La forme n° 8 n'a que la deuxième personne du pluriel avec ce même radical : *veuillez.* Quelques grammairiens modernes sont cependant d'avis que, tout en retenant cette expression déprécative, on peut aussi faire usage en entier de cette forme, dans le sens absolu : *veux, voulons, voulez.* Les principes sur lesquels ils basent cette opinion nous paraissent incontestables.

Nota. On trouve assez souvent écrit, et l'on entend plus fréquemment encore dans le discours : *que nous veuillons, que vous veuillez*, au lieu de *que nous voulions, que vous vouliez*, première et deuxième personne du pluriel de la forme n° 6. Ce sont de doubles solécismes qu'il faut soigneusement éviter de commettre.

ÉCHOIR. Ce verbe, dont nous avons préféré inscrire le composé DÉCHOIR dans la Table spéciale, ne saurait être employé qu'extrapersonnellement, et n'est point usité aux formes n°s 2, 6 et 8. *Le premier terme* échoit *dans un mois. Voici pourtant un cas où tout l'honneur* échut *à l'hôte des terriers.* LA FONTAINE. — *Il espère que le gros lot lui* écherra. — *Ces lettres de change sont* échues. A la forme n° 9, on dit, ÉCHÉANT ; *le cas* échéant.

Plusieurs grammairiens nous disent que les troisièmes personnes de la forme n° 1 de ce verbe se prononcent et quelquefois s'écrivent : *il échet ; ils échéent.* Cela a pu être vrai jadis ; mais nous croyons que maintenant, si l'on veut faire usage de cette variante, qui nous paraît admissible, à cause de son analogie avec la forme n° 9, et parce qu'elle peut être utile aux poètes, l'orthographe doit toujours être d'accord avec la prononciation.

DÉCHOIR. Ce verbe est défectif à la forme n° 9.

POUVOIR. Ainsi que VALOIR et VOULOIR, ce verbe prend un *x* pour inflexion à la première et à la deuxième personne du singulier de la 1re forme : cependant au lieu de : *je peux*, on dit encore et mieux : *je puis ;* et l'on ne doit point dire autrement dans la conjugaison interrogative : *puis-je? ne puis-je pas?* à la troisième personne du pluriel de cette même forme, ce verbe change, de même que VOULOIR, le digramme OU du radical en EU : *ils peuvent.*

Le second radical n° 2 : PUISS est pour la forme n° 6 en entier.

PRÉVOIR. Dérivé de VOIR, a le radical n° 4, primitif.

POURVOIR. Quoique ce verbe soit pareillement un dérivé de VOIR, il en diffère dans sa lexigraphie, en ce que son radical n° 3 est modifié en U, et le n° 4 primitif comme celui de PRÉVOIR.

SEOIR. Ce verbe n'est point d'usage à l'infinitif ; dans le sens de *convenir*, il est extrapersonnel, et se lexigraphie de la manière que nous avons indiquée.

Le radical n° 1, se terminant en D, ne prend pas l'inflexion *t* à la troisième personne du singulier de la 1re forme. (*Voyez la Récapitulation analogique des anomalies des verbes.*)

Dans la signification d'*être assis*, *ou situé*, ce verbe n'est d'usage qu'aux formes nos 9 et 10. *Le roi* séant *en son lit de justice.* — *Une maison* sise *à Paris.*

ASSEOIR. La troisième personne du singulier de ce verbe, dont le radical n° 1 se compose de celui de SEOIR, ne prend pas l'inflexion *t;* et l'Y du radical n° 2 reste invariable devant toutes les inflexions. (*Voyez la* 6e *Remarque sur les verbes en* ER.)

Certains grammairiens donnent à ce verbe un second radical n° 4. ASSEYER ou ASSEIER, qui ne nous paraît guère admissible : d'autres ont imaginé de débarrasser ce verbe des difficultés de sa lexigraphie, en lui assignant les radicaux nos 1, 2 et 4, tels qu'aux verbes PRÉVOIR et POURVOIR, ASSEOI, ASSEOY, ASSEOIR. Il est incontestable qu'une telle manière de lexigraphier ce verbe serait bien plus commode, et même plus conforme à l'analogie; mais il n'est pas moins vrai qu'elle produit des sons fort désagréables à l'oreille; et c'est peut-être pour cette raison que l'usage se refuse à l'adopter.

SURSEOIR. Presque tous les grammairiens retranchent aux radicaux nos 1 et 2 l'E de l'infinitif, que d'autres retiennent seulement devant les *e* muets. Une telle suppression nous paraît assez bizarre, et nous ne voyons pas sur quoi elle est fondée.

Nota. Pour tous les verbes de cette terminaison dont le radical n° 2 se termine en Y, *voyez notre Remarque* n° 6 *sur les verbes en* ER.

APPENDICE.

APPAROIR. Ce verbe n'est d'usage qu'à l'infinitif, avec le verbe *faire*: *faire apparoir;* c'est un terme de palais, de même que : *il appert*, troisième personne du singulier de la 1re forme.

CHALOIR. CHAUT, troisième personne du singulier de la 1re forme, est le seul mot de ce verbe qui soit usité : *peu m'en chaut*, pour : *peu m'importe*, est une expression du style familier; Montaigne a dit : *ne vous chaille.*

CHOIR n'est d'usage qu'à l'infinitif, et à la forme n° 10 : CHU, au propre et au figuré; mais plutôt en poésie qu'en prose, et de préférence dans le style plaisant; il en est de même de son itératif : RECHOIR.

COMPAROIR. Ne se dit qu'au palais, et dans ces phrases : *assignation à comparoir ; assigné à comparoir.*

SE DOULOIR. Quelques formes ou personnes de ce verbe peuvent avoir été usitées dans les premiers temps de la langue; il n'en est resté aucune ; nous croyons cependant avoir rencontré dans quelques ouvrages de nos jours : *il se doulait*, pour *il se lamentait ; il se dolentait* : quant au verbe composé SE CONDOULOIR, il est à regretter qu'il ait vieilli, et qu'on n'en ait jamais déterminé la lexigraphie ; il n'a point d'équivalent, et il faut en exprimer la signification par une périphrase : *prendre part à la douleur de quelqu'un.* Les substantifs de ces deux verbes, *doléance* et *condoléance*, ont fort heureusement survécu.

SOULOIR. *Avoir coutume.* Il n'est resté de ce verbe que : *il soulait*, troisième personne du singulier de la forme n° 2, dans le style marotique.

Nota. Voici encore huit verbes que nous sommes parvenu à déterrer, après l'impression de notre Tableau Synoptique : MALVOULOIR, RÉCHOIR, ADOULOIR, NONCHALOIR, DÉLOIR, RAMENTEVOIR et REMANOIR. Le premier ainsi que BIENVOULOIR, inséré, ne saurait être employé qu'à l'infinitif, et familièrement, à la forme n° 10 : *Il est bienvoulu* ou *malvoulu* de *tout le monde ;* le second est d'un usage fort rare, et seulement aux mêmes formes que son primitif ÉCHOIR : les six autres sont tous des verbes surannés, et trop gaulois pour pouvoir jamais être réintégrés dans la langue.

NONCHALANT, fort usité comme adjectif verbal, nous vient probablement de NONCHALOIR, dont on trouve des exemples dans Marot et autres auteurs de son époque.

RAMENTEVOIR était encore en usage du temps de Molière, puisque nous lisons dans *le Dépit Amoureux*, de cet auteur, acte III :

> Puisque la chose est faite, et que, selon mes vœux,
> Un esprit de douceur nous met d'accord tous deux,
> Ne *ramentevons* rien, et réparons l'offense
> Par la solennité d'une illustre alliance.

Verbes en RE précédé d'une vocalisation.

Les verbes de cette terminaison ne surpassent en nombre que les verbes en OIR. Nous n'en avons compté que 117, et nous en avons inscrit 99 dans la Table générale des verbes en RE n° 1 de notre Tableau Synoptique. On trouvera les autres dans la note qui termine ces Remarques.

FAIRE. La première et la deuxième personne du pluriel de la forme n° 1 de ce verbe sont anomales : *vous faites*, *ils font;* la deuxième personne du pluriel de la forme n° 8 est pareillement : *faites*.

BRAIRE. Autrefois l'on considérait ce verbe comme extrapersonnel, et l'on en bornait l'emploi aux formes n°s 1, 4 et 5; mais Lemare a fait judicieusement observer que si quelques verbes n'ont été employés qu'en certaines formes, et en certaines personnes, ce ne doit pas être une raison suffisante pour en consacrer la mutilation. « *Si l'on peut dire d'un âne qu'*il brait, *pourquoi*, ajoute ce »grand grammairien, *un âne, parlant dans une fable, ne pourrait-»il pas dire : je* brais; nous brairons? *Dans un pareil cas, comment »s'exprimerait donc la société* brayante? » Sur cette autorité, et d'après cet exemple, nous avons cru pouvoir admettre le radical n° 2, pour les formes qui en dépendent.

Ces réflexions nous paraissent applicables à tous les verbes prétendus défectifs; il ne faut cependant pas perdre de vue le principe établi par Voltaire, c'est-à-dire celui d'éviter tous les sons désagréables à l'oreille, qui sont un reste de l'ancienne barbarie, et nous nous permettons d'ajouter, tous les mots à double entente, dès qu'ils peuvent présenter la moindre équivoque. Le verbe BRAIRE, par exemple, ayant le même radical n° 2 que le verbe BRAYER, il en résulte que toutes les personnes et formes qui s'y rapportent sont communes aux deux verbes; mais le dernier est un terme de marine et d'oiselerie, dont l'usage est fort circonscrit.

(Quant au changement de l'I final du radical n° 2 de ce verbe en Y, *voyez la Remarque* n° 6 *sur les verbes en* ER.)

RAIRE. *Terme de vénerie.* Il est d'un usage fort rare : son radical n° 2 est le même que celui du verbe RAYER. (*Voyez l'article ci-dessus.*)

Ce même verbe RAIRE est noté dans la dernière édition du Dictionnaire de Boiste, par Charles Nodier, comme ayant eu jadis deux autres significations, *raser, couper le poil de fort près; tirer à la filière, et rouler après*, dont la première a quelque analogie avec celle du verbe RAYER. La forme n° 10, dans ces sens, en serait, selon la même autorité : *rais, raise.*

CIRCONCIRE. D'après les principes établis plus haut, on évitera de faire emploi de ce verbe aux formes n°s 2, 7 et 9; il est d'ailleurs presque inusité. La troisième personne du singulier de la forme n° 7, qui est la même que celle de la forme n° 3, est cependant admissible au besoin.

DIRE. La deuxième personne du pluriel des formes n°s 1 et 8 de ce verbe est anomale : *dites;* il en est de même de son itératif : REDIRE, mais dans tous ses autres dérivés elle se forme régulièrement, d'après le radical dont elle dépend : *vous médisez, contredisez*, etc.

MAUDIRE. Quoique ce verbe soit également un composé de DIRE, il en diffère dans sa lexigraphie, au radical n° 2, pareil à celui des verbes en IR, qui se conjuguent comme FINIR : MAUDISS.

FRIRE. Ce verbe est défectif des radicaux n°s 2 et 3; pour y suppléer, il faut se servir, dans les formes qui en dépendent, de la locution : *faire frire; nous faisons frire; je fis frire.*

RIRE. Le radical n° 2 de ce verbe étant RI, il s'ensuit que la première et la deuxième personne du pluriel des formes n°s 2 et 6 doivent être écrites avec deux *i* : *nous riions, vous riiez.* (*Voyez la Remarque n°* 6 *sur les verbes en* ER.) Ce verbe, ainsi que les deux verbes en CLURE, offre la singularité d'avoir tous ses radicaux primitifs.

ÉCLORE. Ce verbe n'est employé qu'extrapersonnellement aux formes n°s 1, 4, 5, 6 et 10.

BRUIRE. Autrefois ce verbe n'était usité qu'aux troisièmes personnes de la forme n° 2, et à la forme n° 9, comme adjectif verbal; *les flots* bruyaient *horriblement; une symphonie plus* bruyante *qu'agréable.* Depuis quelque temps des écrivains habiles en font un usage moins restreint, à l'exception toujours des formes qui dépendent du radical n° 3. Nous devons en outre faire observer que plusieurs d'entre eux y ont introduit un second radical n° 2, pareil à celui du verbe BRUIR, qui se conjugue comme FINIR ; BRUISS ; *les serpents à sonnette* bruissaient *de toutes parts* (CHATEAUBRIAND). *Il n'y a pas une feuille qui frémisse, pas un insecte qui* bruisse *sous l'herbe immobile* (NODIER). Il nous serait facile de citer beaucoup d'autres exemples. L'usage finira par adopter ce néologisme, mais dans un sens qui n'est pas absolument le même que le primitif de ce verbe, et ce sera une richesse de plus ajoutée à la langue, qui maintenant s'est ravisée, et n'est plus si dédaigneuse que du temps de Voltaire.

—|CLURE. Dans la lexigraphie des verbes CONCLURE et EXCLURE, les seuls usités de cette désinence, il faut mettre un tréma sur l'*i* des inflexions de la première et de la deuxième personne du pluriel des formes n°s 2 et 6, pour indiquer que cette lettre y doit être prononcée distinctement de l'U du radical, et non conjointement, comme dans le mot *je suis ; nous concluïons, vous concluïez.* (*Voyez notre Remarque sur les verbes en* ER, n° 7.) Ces deux verbes ainsi que le verbe RIRE ont tous leurs radicaux primitifs.

APPENDICE.

DUIRE. Ce verbe, qui est maintenant hors d'usage, et qui ne se trouve inscrit que dans peu de lexiques, est sans contredit le primordial de tous les verbes de cette désinence.

OCCIRE. Vieux mot que plusieurs auteurs cherchent à rajeunir dans quelques unes de ses formes.

INTRURE et RECLURE. Il n'est resté de ces verbes que la forme n° 10, *Intrus* et *Reclus*. INCLURE, noté plus bas, n'a pareillement conservé que la même forme, *Inclus*.

Nota. Nous ajoutons ici encore 18 verbes, produit des recherches minutieuses auxquelles nous nous sommes livré après l'impression de notre Tableau Synoptique. Nous les rapportons disposés selon l'ordre d'analogie que nous avons suivi dans la Table générale, et nous avons noté d'un signe * ceux qui nous ont paru susceptibles d'être employés en quelques unes de leurs formes ou personnes.

* ENTRE-DÉFAIRE (s')	* ENTR'ÉCRIRE (s')	DÉCIRCONCIRE
* ENTRE-DIRE (s')	* ENTRE-LIRE	* ARRIRE
* RECROIRE	ADUIRE	CIRCONDUIRE
CIRCUIRE	* ENTRE-DÉTRUIRE (s')	* RÉINSTRUIRE
* ENTRE-NUIRE (s')	TRANSLUIRE	* INCLURE
AMBIRE	ESCONDIRE	RÈRE

Verbes en RE précédé d'une articulation.

Les verbes de cette terminaison viennent immédiatement, sous le rapport du nombre, après les verbes en IR. Nous en avons inséré 180 dans la Table générale des Verbes en RE, n° 2 ; et nous en donnons encore 28 dans la note qui est à la fin de ces Remarques. Total, 208.

ÊTRE. La première forme de ce verbe est entièrement anomale : *je suis, tu es, il est, nous sommes, vous êtes, ils sont.*

Le premier radical n° 2 a un accent fermé sur l'E : ÉT, au lieu de l'accent circonflexe de l'infinitif. Le second radical n° 2 est pour la forme n° 6, laquelle est anomale en ce que, pour les trois personnes du singulier, elle prend les inflexions de la forme n° 1 ; *que je sois, que tu sois, il soit.* Cette exception, pour le singulier tout entier de cette forme n° 6, est la seule dans la lexigraphie des verbes français. Ce même radical change l'I simple en Y à la première et à la deuxième personne du pluriel, mais on omet l'*i* des inflexions : *que nous soyons, vous soyez* ; et non *que nous soyions, vous soyiez* ; nous avons vu qu'il en est de même au verbe AVOIR. La forme n° 8 se compose en entier de la forme n° 6.

Tous les verbes en DRE ne prennent point l'inflexion *t* à la troisième personne du singulier de la 1re forme ; il en est de même du verbe VAINCRE, et des verbes BATTRE et METTRE, dont le radical n° 1 ne retient qu'un seul T ; *il rend* ; *il bat* ; *il vainc* ; *il met* ; et ainsi de leurs composés. (*Voyez la Récapitulation analogique de toutes les anomalies des verbes dans la 2e partie.*)

VAINCRE. Ce verbe change la prédominante C en QU aux radicaux n°s 2 et 3, devant toutes les inflexions indistinctement, quoiqu'il eût pu la conserver à la première personne du pluriel de la 1re forme, et à la forme n° 9 ; *nous vainquons, vous vainquez, ils vainquent ; je vainquais ; je vainquis ; que je vainque ; que je vainquisse ; en vainquant.*

PRENDRE. Des orthographistes de nos jours, au lieu d'écrire le second radical n° 2 de ce verbe avec deux N, préfèrent l'écrire avec une seule, en mettant un accent grave sur l'E ; PRÈN ; *ils prènent*, *que je prène.* (*Voyez notre 5e Remarque sur les verbes en* ER, *et la Remarque sur les verbes en* ENIR.)

ABSOUDRE et DISSOUDRE. Ces deux verbes ont deux variations à la forme n° 10, *ous* pour le masculin et *oute* pour le féminin. Quelques grammairiens ont essayé de faire admettre *out* pour l'inflexion masculine, en proscrivant l'autre : mais l'usage s'y refuse.

RÉSOUDRE. Ce verbe a pareillement deux variations à la forme n° 10, la première en *ous*, qui n'a pas de féminin, dans le sens de *changer*; *faire cesser la consistance : le soleil a* résous *le brouillard en pluie*; la deuxième en *olu*, dans le sens *d'arrêter*, *déterminer* : *ce jeune homme a* résolu *de changer de conduite. La bataille fut* résolue.

APPENDICE.

CLORRE. Ce verbe n'a que le singulier de la 1re forme, et les formes nos 4, 5 et 10 : *je clos, tu clos, il clot*; *je clorrai*; *je clorrais*; *clos*; il en est de même de son composé ENCLORRE. — DÉCLORRE n'est guère plus en usage; et FORCLORRE n'a que la forme n° 10, dont Voltaire a démontré le besoin dans la langue; *qu'on arrive*, dit-il, *aux portes d'une ville fermée*; *l'on est, quoi? nous n'avons plus de mot pour exprimer cette situation*; *nous disions autrefois* : forclos. *Forclos* a toujours été et continue à être employé en style de palais. On dit d'une partie qui ne se présente pas en temps utile, qu'elle est *forclose*.

L'Académie écrivait jadis le verbe CLORRE et ses dérivés avec une seule R ; nous avons suivi l'orthographe la plus usitée, et sanctionnée par les meilleurs typographes.

SOUDRE. Ce verbe n'est d'usage qu'à l'infinitif : SOUDRE *une difficulté*; mais en général on dit de préférence RÉSOUDRE.

SOURDRE. N'est usité qu'à l'infinitif, et, extrapersonnellement, à la 1re forme : *On y voit* sourdre *des eaux de tous côtés. — L'eau* sourd *de la roche en gros bouillons. — On dit que le Rhin, le Rhône et le Pô* sourdent *de la même montagne.*

Autrefois on employait ce verbe au figuré, mais seulement à l'infinitif; *Caton disait qu'en frappant du pied contre terre, il en ferait* sourdre *des légions*. On commence à l'employer de nouveau dans ce sens, et l'on a raison, car ce mot est très-beau et très-expressif.

COURRE et RECOURRE ne se disent, et même rarement, qu'en poésie, ce sont des termes de vénerie : COURRE et RECOURRE *le cerf*. Anciennement on employait le verbe COURRE dans la signification de COURIR.

> « *De ces jeunes guerriers la flotte vagabonde*
> » *Allait* courre *fortune aux orages du monde.* » MALHERBE.

TISTRE n'a que la forme n° 10, *tissu*, au propre et au figuré; tandis que TISSER se dit seulement au propre : *Des jours* tissus *d'or et de soie*.

Nota. Les 28 verbes qui suivent, et qui sont le résultat de nos recherches après l'impression de notre Tableau Synoptique, ont, pour la plupart, vieilli, à l'exception cependant de RÉADMETTRE, que nous avons omis dans notre premier travail, et de TRANSPARAÎTRE, dont nous croyons que l'on peut se servir extrapersonnellement, dans quelques unes de ses formes.

OFFENDRE	DESPENDRE	ENTR'ENTENDRE (S')
MÉSENTENDRE	ENTRE-VENDRE (S')	MESVENDRE
ENFONDRE	INFONDRE	ENTRE-RÉPONDRE (S')
OBTONDRE	DÉROMPRE	PERPRENDRE
POURPRENDRE	ENTRE-SURPRENDRE (S')	RÉADMETTRE
ACCOMMETTRE	TRAMETTRE	MAINDRE
DESCEINDRE	FREINDRE	EPOINDRE
TRANSPARAÎTRE	———	MOUÊTRE
ENTRE-CLORRE (S')	COULDRE	ENQUERRE
ESCOURRE	RESPLENDRE	

Plusieurs de ces verbes se trouvent remplacés par d'autres verbes différemment orthographiés, ou sous d'autres terminaisons; et deux ou trois d'entre eux pourraient même reparaître dans la langue.

FIN.

TABLE MODÈLE POUR L'APPLICATION DU TABLEAU SYNOPTIQUE A LA LEXIGRAPHIE DE TOUS LES VERBES.

VERBES AUXILIAIRES.		VERBES EN **ER.**		VERBES EN **IR.**			VERBES EN **OIR.**		VERBES EN **RE.**			
Être.	*Avoir.*	*Aimer.*	*Aller.*	*Finir.*	*Sentir.*	*Cueillir.*	*Recevoir.*	*Vouloir.*	*Faire.*	*Dire.*	*Vendre.*	*Craindre.*
suis	J' *ai*	J' aime	Je *vais ou vas*	Je finis	Je *sens*	Je cueille	Je *reçois*	Je *veux*	Je fais	Je dis	Je vends	Je *crains*
es	Tu *as*	Tu aimes	Tu *vas*	Tu finis	Tu *sens*	Tu cueilles	Tu *reçois*	Tu *veux*	Tu fais	Tu dis	Tu vends	Tu *crains*
est	Il *a*	Il aime	Il *va*	Il finit	Il *sent*	Il cueille	Il *reçoit*	Il *veut*	Il fait	Il dit	Il vend	Il *craint*
us sommes	Nous avons	Nous aimons	Nous allons	Nous finissons	Nous sentons	Nous cueillons	Nous recevons	Nous voulons	Nous *faisons*	Nous disons	Nous vendons	Nous *craignons*
us êtes	Vous avez	Vous aimez	Vous allez	Vous finissez	Vous sentez	Vous cueillez	Vous recevez	Vous voulez	Vous *faites*	Vous *dites*	Vous vendez	Vous *craignez*
sont	Ils *ont*	Ils aiment	Ils *vont*	Ils finissent	Ils sentent	Ils cueillent	Ils *reçoivent*	Ils *veulent*	Ils *font*	Ils disent	Ils vendent	Ils *craignent*
étais	J' avais	J' aimais	J' allais	Je finissais	Je sentais	Je cueillais	Je recevais	Je voulais	Je faisais	Je disais	Je vendais	Je *craignais*
étais	Tu avais	Tu aimais	Tu allais	Tu finissais	Tu sentais	Tu cueillais	Tu recevais	Tu voulais	Tu faisais	Tu disais	Tu vendais	Tu *craignais*
était	Il avait	Il aimait	Il allait	Il finissait	Il sentait	Il cueillait	Il recevait	Il voulait	Il faisait	Il disait	Il vendait	Il *craignait*
us étions	Nous avions	Nous aimions	Nous allions	Nous finissions	Nous sentions	Nous cueillions	Nous recevions	Nous voulions	Nous faisions	Nous disions	Nous vendions	Nous *craignions*
us étiez	Vous aviez	Vous aimiez	Vous alliez	Vous finissiez	Vous sentiez	Vous cueilliez	Vous receviez	Vous vouliez	Vous faisiez	Vous disiez	Vous vendiez	Vous *craigniez*
étaient	Ils avaient	Ils aimaient	Ils allaient	Ils finissaient	Ils sentaient	Ils cueillaient	Ils recevaient	Ils voulaient	Ils faisaient	Ils disaient	Ils vendaient	Ils *craignaient*
fus	J' *eus*	J' aimai	J' allai	Je finis	Je sentis	Je cueillis	Je *reçus*	Je voulus	Je *fis*	Je dis	Je vendis	Je *craignis*
fus	Tu *eus*	Tu aimas	Tu allas	Tu finis	Tu sentis	Tu cueillis	Tu *reçus*	Tu voulus	Tu *fis*	Tu dis	Tu vendis	Tu *craignis*
fut	Il *eut*	Il aima	Il alla	Il finit	Il sentit	Il cueillit	Il *reçut*	Il voulut	Il *fit*	Il dit	Il vendit	Il *craignit*
us *fûmes*	Nous *eûmes*	Nous aimâmes	Nous allâmes	Nous finîmes	Nous sentîmes	Nous cueillîmes	Nous *reçûmes*	Nous voulûmes	Nous *fîmes*	Nous dîmes	Nous vendîmes	Nous *craignîmes*
us *fûtes*	Vous *eûtes*	Vous aimâtes	Vous allâtes	Vous finîtes	Vous sentîtes	Vous cueillîtes	Vous *reçûtes*	Vous voulûtes	Vous *fîtes*	Vous dîtes	Vous vendîtes	Vous *craignîtes*
furent	Ils *eurent*	Ils aimèrent	Ils allèrent	Ils finirent	Ils sentirent	Ils cueillirent	Ils *reçurent*	Ils voulurent	Ils *firent*	Ils dirent	Ils vendirent	Ils *craignirent*
serai	J' *aurai*	J' aimerai	J' *irai*	Je finirai	Je sentirai	Je *cueillerai*	Je *recevrai*	Je *voudrai*	Je *ferai*	Je dirai	Je vendrai	Je craindrai
seras	Tu *auras*	Tu aimeras	Tu *iras*	Tu finiras	Tu sentiras	Tu *cueilleras*	Tu *recevras*	Tu *voudras*	Tu *feras*	Tu diras	Tu vendras	Tu craindras
sera	Il *aura*	Il aimera	Il *ira*	Il finira	Il sentira	Il *cueillera*	Il *recevra*	Il *voudra*	Il *fera*	Il dira	Il vendra	Il craindra
us *serons*	Nous *aurons*	Nous aimerons	Nous *irons*	Nous finirons	Nous sentirons	Nous *cueillerons*	Nous *recevrons*	Nous *voudrons*	Nous *ferons*	Nous dirons	Nous vendrons	Nous craindrons
us *serez*	Vous *aurez*	Vous aimerez	Vous *irez*	Vous finirez	Vous sentirez	Vous *cueillerez*	Vous *recevrez*	Vous *voudrez*	Vous *ferez*	Vous direz	Vous vendrez	Vous craindrez
seront	Ils *auront*	Ils aimeront	Ils *iront*	Ils finiront	Ils sentiront	Ils *cueilleront*	Ils *recevront*	Ils *voudront*	Ils *feront*	Ils diront	Ils vendront	Ils craindront
serais	J' *aurais*	J' aimerais	J' *irais*	Je finirais	Je sentirais	Je *cueillerais*	Je *recevrais*	Je *voudrais*	Je *ferais*	Je dirais	Je vendrais	Je craindrais
serais	Tu *aurais*	Tu aimerais	Tu *irais*	Tu finirais	Tu sentirais	Tu *cueillerais*	Tu *recevrais*	Tu *voudrais*	Tu *ferais*	Tu dirais	Tu vendrais	Tu craindrais
serait	Il *aurait*	Il aimerait	Il *irait*	Il finirait	Il sentirait	Il *cueillerait*	Il *recevrait*	Il *voudrait*	Il *ferait*	Il dirait	Il vendrait	Il craindrait
us *serions*	Nous *aurions*	Nous aimerions	Nous *irions*	Nous finirions	Nous sentirions	Nous *cueillerions*	Nous *recevrions*	Nous *voudrions*	Nous *ferions*	Nous dirions	Nous vendrions	Nous craindrions
us *seriez*	Vous *auriez*	Vous aimeriez	Vous *iriez*	Vous finiriez	Vous sentiriez	Vous *cueilleriez*	Vous *recevriez*	Vous *voudriez*	Vous *feriez*	Vous diriez	Vous vendriez	Vous craindriez
seraient	Ils *auraient*	Ils aimeraient	Ils *iraient*	Ils finiraient	Ils sentiraient	Ils *cueilleraient*	Ils *recevraient*	Ils *voudraient*	Ils *feraient*	Ils diraient	Ils vendraient	Ils craindraient
sois	Que j' *aie*	Que j' aime	Que j' *aille*	Que je finisse	Que je sente	Que je cueille	Que je *reçoive*	Que je *veuille*	Que je *fasse*	Que je dise	Que je vende	Que je *craigne*
sois	tu *aies*	tu aimes	tu *ailles*	tu finisses	tu sentes	tu cueilles	tu *reçoives*	tu *veuilles*	tu *fasses*	tu dises	tu vendes	tu *craignes*
soit	il *ait*	il aime	il *aille*	il finisse	il sente	il cueille	il *reçoive*	il *veuille*	il *fasse*	il dise	il vende	il *craigne*
us *soyons*	nous *ayons*	nous aimions	nous allions	nous finissions	nous sentions	nous cueillions	nous recevions	nous voulions	nous *fassions*	nous disions	nous vendions	nous *craignions*
us *soyez*	vous *ayez*	vous aimiez	vous alliez	vous finissiez	vous sentiez	vous cueilliez	vous receviez	vous vouliez	vous *fassiez*	vous disiez	vous vendiez	vous *craigniez*
soient	ils *aient*	ils aiment	ils *aillent*	ils finissent	ils sentent	ils cueillent	ils *reçoivent*	ils *veuillent*	ils *fassent*	ils disent	ils vendent	ils *craignent*
fusse	Que j' *eusse*	Que j' aimasse	Que j' allasse	Que je finisse	Que je sentisse	Que je cueillisse	Que je *reçusse*	Que je voulusse	Que je *fisse*	Que je disse	Que je vendisse	Que je *craignisse*
fusses	tu *eusses*	tu aimasses	tu allasses	tu finisses	tu sentisses	tu cueillisses	tu *reçusses*	tu voulusses	tu *fisses*	tu disses	tu vendisses	tu *craignisses*
fût	il *eût*	il aimât	il allât	il finît	il sentît	il cueillît	il *reçût*	il voulût	il *fît*	il dît	il vendît	il *craignît*
us *fussions*	nous *eussions*	nous aimassions	nous allassions	nous finissions	nous sentissions	nous cueillissions	nous *reçussions*	nous voulussions	nous *fissions*	nous dissions	nous vendissions	nous *craignissions*
us *fussiez*	vous *eussiez*	vous aimassiez	vous allassiez	vous finissiez	vous sentissiez	vous cueillissiez	vous *reçussiez*	vous voulussiez	vous *fissiez*	vous dissiez	vous vendissiez	vous *craignissiez*
fussent	ils *eussent*	ils aimassent	ils allassent	ils finissent	ils sentissent	ils cueillissent	ils *reçussent*	ils voulussent	ils *fissent*	ils dissent	ils vendissent	ils *craignissent*
sois	*aie*	aime	*va*	finis	*sens*	cueille	*reçois*		fais	dis	vends	*crains*
soit	Qu' il *ait*	Qu' il aime	Qu' il *aille*	Qu' il finisse	Qu' il sente	Qu' il cueille	Qu' il *reçoive*		Qu' il *fasse*	Qu' il dise	Qu' il vende	Qu' il *craigne*
soyons	*ayons*	aimons	allons	finissons	sentons	cueillons	recevons		faisons	disons	vendons	*craignons*
soyez	*ayez*	aimez	allez	finissez	sentez	cueillez	recevez	*veuillez*	*faites*	*dites*	vendez	*craignez*
soient	Qu' ils *aient*	Qu' ils aiment	Qu' ils *aillent*	Qu' ils finissent	Qu' ils sentent	Qu' ils cueillent	Qu' ils *reçoivent*		Qu' ils *fassent*	Qu' ils disent	Qu' ils vendent	Qu' ils *craignent*
étant	en *ayant*	en aimant	en allant	en finissant	en sentant	en cueillant	en recevant	en voulant	en faisant	en disant	en vendant	en *craignant*
»	*eu*, *eue*,	aimé, aimée,	allé, allée,	fini, finie,	senti, sentie,	cueilli, cueillie,	*reçu*, *reçue*,	voulu, voulue,	*fait*, *faite*,	*dit*, *dite*,	vendu, vendue,	*craint*, *crainte*,
»	*eus*, *eues*.	aimés, aimées.	allés, allées.	finis, finies.	sentis, senties.	cueillis, cueillies.	*reçus*, *reçues*.	voulus, voulues.	*faits*, *faites*.	*dits*, *dites*.	vendus, vendues.	*craints*, *craintes*.

www.ingramcontent.com/pod-product-compliance
Lightning Source LLC
LaVergne TN
LVHW010033230826
846091LV00005B/1678

* 9 7 8 2 0 1 6 1 2 9 1 6 6 *